W0056275

Im Frühjahr des Jahres 1999 machten in der
kleinen Ortschaft Marpingen im Saarland
besondere Ereignisse von sich reden, die man
vor Ort als ›Sommertheater‹ bezeichnete.
Binnen kurzer Zeit wurden die Medien
auf die Vorgänge aufmerksam. Kaum eine re-
nommierte Fernsehanstalt, kein Magazin, keine
angesehene Tageszeitung, die sich das Thema
entgehen ließen: Drei junge Frauen behaupteten, ihnen würde dort eine Frau aus einer
anderen Dimension erscheinen, die Madonna,
mit einer dringenden Botschaft an die
deutsche Nation. War es wirklich nur eine Art
Bühneninszenierung oder steckt mehr dahinter?
Das ist die Frage, die den Autor bewegt.

Alfons Sarrach

Die Frau
von Marpingen

ALFONS SARRACH

DIE FRAU
VON MARPINGEN

EDITION S

Die Edition S ist ein
unabhängiger Verlag mit christlicher Ausrichtung

1. Auflage 2002

© Edition S, Bad Herrenalb
Alle Rechte, insbesondere das der Vervielfältigung,
der Verbreitung, des Teilabdrucks sowie
der Übersetzung vorbehalten.

Die Deutsche Bibliothek · CIP-Einheitsaufnahme
Ein Titeldatensatz für diese Publikation ist bei ›Der
Deutschen Bibliothek‹ erhältlich.

Umschlaggestaltung, typografisches Konzept:
Dipl.-Designer Andreas Zaum, Stuttgart
Fotografie Titelbild: PUR-Magazin, Kisslegg
Fotografie Rückseite: Hans Schotte, Friedberg/Bayern
Herstellung und Druck: Clausen & Bosse, Leck

Printed in Germany   ISBN 3-929549-15-8

ZUM INHALT

Frühjahr 1999 KAPITEL I

17 Eine Meldung geistert durch's Land

19 Skepsis und Ablehnung

21 Protest des Himmels oder Aufschrei

23 Der Ort Marpingen

25 Unbehagen der Macht

27 Schwerfällig und unflexibel

28 Die agierenden Personen

Zerstörtes Frauenbild KAPITEL II

37 ›Ich komme als Mutter‹

39 Selbstverständnis auf dem Tiefpunkt

42 Sexualisierung des Daseins

45 Mystisches Rotlicht

46 Schützenhilfe der Bridget Jones

48 Gleichgewicht und Geborgenheit

51 Der Schrei

In schwer bedrängter Zeit KAPITEL III

59 Triumphzug
61 Leitbild: Sündenfreie Kultur
64 Gegenwart und Zukunft eine Einheit
67 Mystik und Mythos
69 Entscheidende Rolle
71 Bedeutendes Gebet
72 Bereitschaft zur Buße
75 Spielregeln zerstört

Historikertag 1998 KAPITEL IV

81 Es geht um den Neubeginn
85 Stimme des Bundespräsidenten
87 Beispiel Johannes Paul II.
91 Reinigung der Erinnerungen
93 Das Schuldbekenntnis von Liverpool
95 2,6 Millionen verschleppt
98 Eigene Vorfahren belastet
99 ›Sich selbst verändern‹

11. September 2001 KAPITEL V

105 *Unglaublicher Wandel*

107 *Bedrückende Vorahnung*

109 *Die Welt ins Mark getroffen*

111 *Zerfall der menschlichen Kultur*

113 *Verzicht auf Erziehung*

115 *5. September 1999*

117 *Geist des Opfers*

118 *›Ihr müsst endlich aufwachen‹*

120 *Drei Männer vom Flug 93*

124 *Vision Vassula Rydens*

126 *Keine Unheilprophetinnen*

127 *Der Philosoph und die Frauen*

130 *Nobelpreisträger: Verneinendes Denken*

132 *Säkulare Sprache gefragt*

135 *Keine verfügbare Masse*

137 *Der gefallene Erzengel*

140 *›Spürbare Leere‹*

Um den letzten Sinn KAPITEL VI

147 Begegnung zwischen
     Christentum und Islam

149 Rolle Fatimas

151 ›Dreifaltigkeit‹ trennt die Geister

153 Dienende Kreativität

156 Durchdachte Geistigkeit

159 Einblick in die Transzendenz

161 ›Verkündet auf der ganzen Welt‹

163 ›Natur ist nicht starr‹

165 ›Aus den Fugen geraten‹

167 Liebeserklärung an Deutschland

169 Rehabilitierung aus einer
     anderen Welt

171 Die Sprache der Statistik

172 Kern der Fragen bleibt

Meiner Frau Anneliese Sarrach-Hempel
gewidmet

*

Als Historikerin hat sie mir auch bei dieser Arbeit
wertvolle Quellenhinweise geliefert.
Sie war mir stets erste und härteste Kritikerin.
Dafür darf ich ihr an dieser Stelle meinen herzlichen
Dank aussprechen

Ein besonderer Dank gilt auch Frau
Barbara Meeßen, die freundlicherweise
bei diesem wie bei vorausgegangenen Titeln
die Korrektur übernommen hat

KAPITEL 1

Frühjahr 1999

Mai 1999. Frühling. Wir waren im Begriff, uns auf einen unserer jährlichen Besuche in England vorzubereiten, wo unsere jüngste indische Tochter seit fünf Jahren studierte. Da wurde die Reisefreude ernsthaft durcheinander gebracht, denn plötzlich geisterte eine Meldung durch die Landschaft. Sie erreichte unser Haus zunächst als Gerücht, oft von aufgeregten Stimmen übermittelt, um kurz danach von den Medien bestätigt zu werden. Eine kleine Ortschaft im Saarland war in den Mittelpunkt des öffentlichen Interesses getreten: Marpingen. Die Unruhe sollte den ganzen Sommer hindurch anhalten. Der zuständige Seelsorger Hoffmann kommentierte die Vorgänge mit einer wenig schmeichelhaften Formulierung, er sprach von einem »Sommertheater«.

Bald gab es kein renommiertes Magazin, keine angesehene Tageszeitung, kein Fernsehprogramm, in denen nicht über die Vorgänge in dem unscheinbaren Ort an der Grenze zwischen Frankreich und Deutschland berichtet wurde – mehr oder weniger kritisch, meist mit stark ablehnendem Einschlag. Drei Frauen behaupteten dort, ihnen sei eine Frau aus der Ewigkeit erschienen, die Madonna.

Vom ersten Augenblick an sträubte sich alles in mir, die Sache ernst zu nehmen, ein regelrechter Abwehrmechanismus baute sich im Bewusstsein auf. Unterstützt wurde ich einige Wochen später von meiner Tochter Meena, mit der ich die ersten Fernsehberichte verfolgen konnte. Daran änderte auch der Versuch von vielen Seiten nichts, mich zu überreden, das Saarland aufzusuchen, um mir ein persönliches Bild zu machen. Ich müsste unbedingt dabei sein, hieß es.

Als Autor dreier Titel über die Madonna – einer davon dem Verhältnis der Deutschen zu Maria gewidmet – sei ich es einfach meinem Ruf in diesem Bereich schuldig, mich vor Ort kundig zu machen. Ein Freund, Martin Schäfer, der bei Filmaufnahmen aus allernächster Nähe dabei war, bat mich beschwörend, mich auf den Weg zu machen. Die Seher müssten von ernsthaften Persönlichkeiten betreut werden, man dürfe die Sache nicht unaufgeklärten, ungebildeten oder gar geschäftsorientierten Leuten überlassen.

Er berief sich auf Fachleute wie den Filmemacher Hans Schotte, der sich mit Streifen zu ähnlichen Themen bereits einen Namen gemacht hatte und eifrig aus allernächster Nähe Material sammelte; er zitierte Dr. Jörg Müller, einen renommierten Psychotherapeuten aus Freising bei München, der mit wissenschaftlichen Untersuchungen begonnen hatte; er nannte Albrecht von Raab-Straube, einen Geistlichen aus dem Siegerland, der vor Jahren von der evangelischen zur katholischen Kirche übergetreten war. Auch dieser beobachtete die Dinge sorgfältig, kannte sich im Bereich der Mystik aus. Vor der letzten sogenannten Erscheinung im Oktober rief mich sogar Gabriele Kuby an, die gerade erst bekannt gewordene Autorin des Buches »Mein Weg zu Maria«, und meinte, man sollte dabei sein. Andere waren gar der Meinung, man müsste Zeugnis ablegen.

SKEPSIS UND ABLEHNUNG

Aber ich wollte nicht Zeugnis ablegen, das war bei keinem meiner Bücher über die Madonna beim Start die Absicht gewesen. Bevor man Zeugnis ablegen kann, muss man Fakten prüfen, Hintergründe ausleuchten, zeitgeschichtliche Zusammenhänge ausloten. Es war stets ausschließlich leidenschaftliches journalistisches Engagement, die Suche nach der Wahrheit, die mich bewogen hatten, diese Phänomene unter die Lupe zu nehmen, gekoppelt mit historischem Interesse. Die Ursache lag in meiner Vergangenheit.

Diesmal jedoch schien sich alles in mir gegen die neue Herausforderung zu wehren – Bewusstsein und Unterbewusstsein. Bestätigt wurde ich von meinem Ortspfarrer mittleren Jahrgangs, einem tief veranlagten Priester, der meinte, man müsse sich ja »schämen« für das, was da an der Saar ablaufe. Ich schämte mich zwar nicht, aber uns beschlich ein Gefühl äußersten Unbehagens, wir fürchteten um den Rest an Glaubwürdigkeit des Christentums in Deutschland. Ich versuchte auf

Tauchstation zu gehen. »Nein, nicht noch ein Buch über die Madonna, es reicht«, dachte ich. Auch wollte ich mich anderen Themen zuwenden, die mir seit langem unter den Nägeln brannten, vor allem dem (inzwischen veröffentlichten) Buch über das Schicksal meiner indischen Tochter Meena, die Deutschland verlassen musste, was bitterste Erinnerungen aus meiner eigenen Kindheit in mir wachgerufen hatte. So blieb ich Marpingen fern – bis heute. Ich habe es nie besucht, nie eine Seherin gesprochen, trotz mehrfacher Angebote, mir ein Gespräch zu vermitteln.

Ungeachtet meiner ablehnenden Haltung, die viele Freunde immer noch als eher »abwartende« einordneten, wurde ich mit Dokumenten und Nachrichten von allen Seiten versorgt, regelrecht überschüttet. So ergab es sich – eine alte journalistische Gewohnheit –, ab und zu doch einen Blick auf dieses oder jenes Papier zu werfen. Zum ersten Mal wurde ich nachdenklich, als ich hörte, dass es – im Unterschied zu anderen Marienerscheinungen – nicht um Kinder ging, sondern um erwachsene, reife Frauen, die alle im Berufsleben standen. Man kam nicht umhin, über die eine oder andere Mitteilung der Frauen, die sie als »Botschaften« ausgaben, nachzudenken. So stellte sich mir eines Tages doch die Frage: Was, wenn diese Frauen gegen alle Wahrscheinlichkeit Recht haben sollten? Wenn in irgendeiner Weise wahr wäre, was sie behaupteten, wenn ihre Erlebnisse echt wären? Wenn es doch um ein Anliegen ginge, das diese Gesellschaft betreffen könnte?

So versuchte ich zunächst einmal, den angeblich jenseitigen (metaphysischen) Hintergrund von den eigentlichen Vorgängen zu trennen. Da wenden sich also drei deutsche Frauen mit Botschaften an ihre Nation, an die deutsche Nation. Könnte es nicht sein, begann es bohrend in mir zu arbeiten, dass sich in ihnen die kollektive deutsche Frauenseele zu Wort meldet, dass sie nur in einprägsamen Bildern ausdrücken, was tief im Unterbewusstsein vieler Frauen in diesem Lande schlummert? Wenn dem so wäre, dann ließe sich die Sache nicht verdrängen. Nach allem, was in Deutschland im 20. Jahrhundert vorgefallen ist, war dies ein wichtiger Gesichtspunkt.

Der Nationalsozialismus, der zwanzig Jahre das Denken in diesem Sprachraum beeinflusst und zähe Denkmuster hinterlassen hat, war eine frauenfeindliche Bewegung, er war reine Männersache. Im Nationalsozialismus feierte sich die Männergesellschaft. Es genügt, sich ein paar Filmdokumentationen aus jener Zeit anzuschauen, um es deutlich vor Augen zu haben.

Zuerst waren es die großen bombastischen Parteitage mit Standarten und altgermanischen Emblemen, später konnte man sich als mächtige Besatzungsmacht in fast allen Ländern Europas in seiner Männlichkeit bestätigen.

Daran hat sich in der zweiten Hälfte dieses Jahrhunderts nicht viel geändert – trotz des erbitterten Kampfes so vieler Feministinnen, prominent gewordener und weniger prominenter, die sich politisch und gesellschaftlich Gehör verschaffen konnten. Eine von ihnen hat diese aktuelle Situation unter dem Gedanken zusammengefasst: Der letzte große Sieg des Mannes über die Frau ist die Pille. Deshalb entschloss ich mich, die Ereignisse in Marpingen unter diesem Gesichtspunkt – wenn auch nicht nur – zu studieren.

Ist es ein »Protest des Himmels«, wie offene oder weniger mutige, religiös orientierte Befürworter meinen, oder ist es ein Aufschrei der kollektiven, verwundeten und noch gefesselten Seele der deutschen Frau, oder ist es beides? Wäre es ein stellvertretender Hilferuf, in dem die Leiden von Millionen Frauen zu Worte kommen, so würde die Angelegenheit höchsten gesellschaftlichen und politischen Rang erhalten.

Das mag der letzte Anstoß gewesen sein, doch zur Feder zu greifen, beziehungsweise mich an den Computer zu setzen und der Öffentlichkeit schließlich diesen Titel vorzulegen. Er richtet sich nicht nur an religiös beheimatete Menschen, Menschen oft besten Willens, aber häufig ohne in die tiefere Dimension ihres Glaubens einzudringen. Er wendet sich vor allem an jene, die in irgendeiner Weise für dieses Volk, für diese Nation, für diese Gesellschaft – auf welcher Ebene auch immer, Verantwortung tragen. Er wendet sich an jene Frauen, unabhängig davon, wie sie weltanschaulich oder politisch ausgerichtet sind, an Frauen, die im 20. Jahrhundert und nun im 21. versucht haben, die Anerkennung ihrer Würde durchzusetzen, die ihnen die Natur nie versagt hat, wohl aber die Männer aller Kulturen und zu fast allen Zeiten.

Nicht zuletzt richtet sich dieses Buch an die Kirchen, die oft redlich bemüht waren, die Frau als Partnerin anzunehmen, und die sich dennoch in der Praxis des Alltags und im historischen Prozess ständig sich wandelnder gesellschaftlicher Richtlinien den Vorstellungen einer Welt beugen mussten, deren Angesicht von Männern geprägt wurde, nach männlichen Vorstellungen und vor allem nach männlichen Wünschen.

Wer hat sich in Marpingen, am Rande der Republik, zu Wort gemeldet, und was ist der Kern seines Anliegens? Das ist die Frage, die mich bis heute bewegt. Sie stellt sich vor dem Hintergrund der ebenso bewegten wie tragischen Geschichte des 19., 20. und des vielleicht noch dramatischeren 21. Jahrhunderts.

DER ORT MARPINGEN

In seinem Buch »Wenn ihr sie wieder seht, fragt wer sie sei« befasst sich der amerikanische Harvard-Professor David Blackbourn mit der Vorgeschichte des Ortes, denn eine solche hat Marpingen. Was mich politisch aufhorchen ließ, nachdem ich dieses Buch überflogen hatte, war die Tatsache, dass die Gemeinde seit über hundert Jahren, genau seit 1876, eigentlich als Synonym für brutale Gewalt gelten müsste, ein Ort, an dem sich staatliche Macht lächerlich gemacht und die Kirche kein Ruhmesblatt erworben hat.

Merkwürdigerweise ging es damals auch um angebliche Erscheinungen. Drei kleine Mädchen wollten am 3. Juli 1876 beim Beerensammeln im Härtelwald eine Frau gesehen haben, die sie als »Madonna« identifizierten. Es waren dies die Kinder Margaretha Kurz, Katharina Hubertus und Susanna Leist, alle acht Jahre jung.

Die Nachricht löste bei den damaligen Vertretern des Staates, harmlosen Gendarmen, so große Beunruhigung aus, dass zehn Tage später aus dem nahe gelegenen Saarlouis eine 80 Mann starke Kompanie Soldaten in die Ortschaft einrückte. Bei einer Auseinandersetzung mit der empörten Bevölkerung wurde zwar kein einziger Soldat verletzt, wohl aber 60 Zivilisten. Die Soldaten wurden einquartiert, die Offiziere zogen ins Pfarrhaus, die einfachen Soldaten wurden auf die Häuser verteilt. Die Kosten musste die Bevölkerung tragen. Man beschlagnahmte Lebensmittel, Getränke, Wein nicht zu vergessen.

Nach 14 Tagen zog man unverrichteter Dinge ab, nicht ohne Androhung, dass jede Menschenansammlung auch in Zukunft mit Waffengewalt beendet werde. Noch heute macht die brutale Gewalt betroffen, mit der der preußische Staat gegen eine harmlose Bevölkerung und gegen achtjährige Mädchen vorging. Ihr Lebensweg sollte zu einem Leidensweg werden.

Nach zwei Jahren Hochstimmung als Folge des gegen Frankreich gewonnenen Krieges und der Gründung des Deutschen Reiches im Jahre 1871 war es 1873 zu einem wirtschaftlichen Zusammenbruch gekommen, der in seinen Auswirkungen nicht nur ganz Europa erfasste, sondern bis zum Ende des 19. Jahrhunderts anhielt. Warum man jedoch gegen kleine Mädchen, die eine Frau aus einer anderen Welt gesehen haben wollen, mit Waffen vorgeht, als handle es sich um revolutionäre Umtriebe, ist nach näherer Betrachtung so rätselhaft nicht.

UNBEHAGEN DER MACHT

Macht empfindet immer Unbehagen gegenüber dem Geist, gegenüber Kräften der Seele. Das erste historische Beispiel hat der große griechische Philosoph des Altertums Sokrates (470–399 v. Chr.) in Athen geliefert. Über Fragen versuchte er die Menschen zum Nachdenken zu bringen.

Die Mächtigen sahen darin eine Gefahr und zwangen ihn, den Giftbecher zu trinken. Macht hat nie gern gesehen, dass gefragt wird, sie bevorzugt stillen Gehorsam. 450 Jahre später erging es dem römischen Denker Lucius Annäus Seneca (1–65 n. Chr.) ähnlich. Er hatte in der Tugend den höchsten Wert gesehen, lag in dieser Hinsicht mit dem aufkommenden Christentum auf der gleichen Linie und musste sich daher auf Befehl des Kaisers, dessen Minister er gewesen war, das Leben nehmen. Die Christen warf man den Löwen zum Fraß vor. Mit Tugend kann sich Macht nicht anfreunden, sie muss oft auf hässliche Untugenden zurückgreifen, wenn sie sich behaupten will.

Galileo Galilei (1564–1642 n. Chr.) entdeckte die Jupitermonde und die Mondgebirge und musste danach das ganze Weltbild in Frage stellen. Das wollte die staatlich-kirchliche Macht nicht dulden. Er wurde diffamiert und zum Widerruf gezwungen, weil sich die ganze öffentliche Ordnung dadurch in Frage gestellt sah. Der Inder Mahatma Gandhi (1869–1948) kämpfte nicht nur gegen die Herrschaft der britischen Kolonialherren, sondern auch gegen das indische Kastenwesen. Die Briten ließen ihn am Leben, radikale Hindus wollten ihm den Kampf für die Gleichheit aller Menschen nicht verzeihen, sie brachten ihn um. Ihnen schwebte nicht die gleiche Würde für alle Menschen vor, sondern Respekt für die eigene Autorität und die Privilegien ihrer Kaste.

Macht fürchtet offenbar immer den Geist, sträubt sich gegen das, was man Seele nennt, gegen alles, was sie nicht fassen, nicht durchschauen, nicht kontrollieren, nicht beeinflussen kann. Warum aber fürchtet

Macht achtjährige Mädchen, wenn diese sich auf eine Frau berufen, die als Madonna in die Geschichte eingegangen ist? Für die meisten Künstler und für viele Denker steht diese Gestalt für das Offene, für das Neue, sie stellt Erstarrtes in Frage. Dies kommt in unendlich vielen Bildern aller Kunstrichtungen zum Ausdruck.

Von ihr stammt der ebenso verdächtige wie berühmte Hymnus Magnifikat, in dem es heißt: » ... er stürzt die Mächtigen vom Thron und erhöht die Niedrigen, die Hungernden beschenkt er mit seinen reichen Gaben und lässt die Reichen leer ausgehen ... «

SCHWERFÄLLIG UND UNFLEXIBEL

Die preußische Macht hat sich 1876 – meint Harvard-Professor Blackbourn – als schwerfällig und unflexibel erwiesen. Aber so dürfte nicht nur die preußische Macht von einst sein. Gegenüber dem wirklich Neuen, vor allem wenn es von einer Frau kommt, reagiert eine von Männern beherrschte Welt immer verunsichert, selbstgefällig, arrogant. Weil sich in Marpingen politische Macht einst kompromittiert und lächerlich gemacht hat, fing dieser Ort an, mich zu interessieren. Die Frau muss von ihrem Wesen her Macht stets in Frage stellen. Könnte nicht sein, so der erste Zweifel, der in mir aufkam, dass die Frauen in Marpingen, ob nun als Sprecherinnen einer anderen, größeren Frauengestalt aus einer anderen Welt oder aus eigenem Antrieb, im Grunde den Zustand der Gesellschaft beziehungsweise gesellschaftliche Entwicklungen von heute in Frage stellen? Wo Gewalt sich breit macht oder zu verewigen sucht, da regt sich früher oder später zum Protest der Geist.

Ging es in Marpingen um einen Protest und wenn, gegen wen oder gegen was richtet er sich dann? Diese Fragen ließen mich und meine Frau nicht mehr los. Wer sich in der Geschichte der Marienerscheinungen ein wenig auskennt, weiß, dass sie die zeitgenössische Situation, in die sie hineingestrahlt haben, stets hinterfragt und zum Teil massiv in Frage gestellt haben. Wurde sie auch in Marpingen hinterfragt? Das vor allem war das Problem, vor das man sich dort gestellt sieht. Alles andere läuft auf Sensation hinaus.

DIE AGIERENDEN PERSONEN

Eine Schlüsselrolle bei Ereignissen wie denen von Marpingen spielen die agierenden Personen, die ins Scheinwerferlicht der Öffentlichkeit geraten sind. In diesem Fall waren es drei Frauen. Einem glücklichen

Umstand ist es zu verdanken, dass ein Mann wie Hans Schotte fast von Anfang an dabei war. Er hatte zu dieser Zeit bereits drei Streifen zu einem ähnlichen Thema gedreht – über Medjugorje in der Herzegowina nämlich, einem Ort, der in den letzten zwanzig Jahren so gut wie von allen renommierten Fernsehanstalten der Welt besucht wurde, von manchen mehrfach.

Schottes Filme gehören zu den besten, die dort unten gedreht wurden. So konnte er mit erfahrenem und geübtem Auge in Marpingen an die Arbeit gehen. Die Kamera ist unbestechlich. Zwar lässt sie sich auch dazu verwenden, die Wirklichkeit zu verfälschen beziehungsweise zu verschönern, von Fotomontagen ganz zu schweigen, aber einem geübten Auge entgehen solche Methoden nicht. So lassen sich die Gesichter der beteiligten Frauen nicht nur einmal und nicht nur flüchtig, sondern immer wieder studieren.

Der zweite glückliche personelle Umstand war, dass man Dr. Jörg Müller aus Freising bei München überzeugen konnte, an die Saar zu fahren und die ins Gerede gekommenen Frauen zu testen. Er ist Psychotherapeut und erst in reifen Jahren – zusätzlich, so kann man sagen – Priester geworden. Er ist ein nicht nur psychotherapeutisch erfahrener Mann, sondern auch ein in mystischen Vorgängen nicht unversierter Spezialist. Solche Leute sind heute nicht einmal mehr im kirchlichen Bereich häufig anzutreffen, schon gar nicht im deutschen Sprachraum, geschweige denn bei den Medien, die mit diesem Fachbereich fast gar nichts anfangen können. Beide haben ihre Arbeit inzwischen als Dokumentation veröffentlicht:

Hans Schotte den Videofilm »Schaut her in mein Herz« und Dr. Jörg Müller das Buch »Von Maria zu reden ist gefährlich«.

Beide Persönlichkeiten dürften bei dem »Sommertheater« an der Saar von allen anwesenden beruflich qualifizierten Spezialisten aus der Medienwelt, der Heilkunde und der Theologie die kompetentesten gewesen sein. Vieles habe ich mir öfter von ihnen wiederholen lassen und ihren Berichten in kleinerem Kreise sorgfältig zugehört. Beide liefern ein ziemlich genaues, prägnantes Psychogramm der beteiligten Frauen.

Wer immer auch aus der Welt der Wissenschaft oder aus der Medienwelt seriös wird forschen wollen, wird ohne diese beiden Dokumente nicht auskommen können. Nun, es sind in der Tat keine kleinen, unreifen Kinder oder Teenager, die sich schon lange kannten und zufällig, aus Übermut oder in der pubertären Phase beim Spiel auf die Idee gekommen sein könnten, »Erscheinung zu spielen«. Es sind gestandene Frauen, die sich vorher außerdem nicht kannten. Sie machen einen durchweg normalen Eindruck und wirken inzwischen recht selbstbewusst.

Marion Guttmann, Jahrgang 1969, kommt aus Neunkirchen und war Empfangssekretärin, als das »Sommerstück« startete. Keine Analphabetin, sondern Abiturientin. Sie war kaum gläubig und nicht praktizierend.

Christine Ney-Nidercorn, Jahrgang 1974, aus Ensdorf, wohnte in einem kleinen französischen Dorf mit nur 45 Einwohnern. Auch sie hat das Abitur und wollte Grund- und Hauptschullehrerin werden, sich daneben als Konzert- und Opernsängerin ausbilden lassen. Sie war zwar gläubig, aber praktizierte nicht.

Judith Hiber, Jahrgang 1964, die älteste unter den drei Damen, hat die Mittlere Reife, war Justizangestellte beim Landgericht Saarbrücken. Ihr religiöses Bewusstsein scheint intensiver gewesen zu sein.

Wer immer Regie geführt haben mag, die Mischung ist nicht schlecht. Frauen im besten Alter, nicht mehr ganz unerfahren und mit unterschiedlicher Berufsqualifikation, zwischen 25 und 35 Jahren. Judith könnte man als Ältester eine Führungsrolle unterstellen. Dem scheint nicht so. Im Unterschied zu den beiden anderen Frauen Marion und Christine hat sie keine Visionen, sie sieht nicht und sie verfällt auch nicht in die sogenannte Ekstase, ein typisches Merkmal bei den meisten Visionen während der bekanntesten Marienerscheinungen, seit sie wissenschaftlich beobachtet werden können. Drei Monate vor Beginn der Erscheinungen am 17. Mai hörte sie eine innere Stimme, mit der sie nichts anzufangen wusste: »*Mein Kind, du brauchst keine Angst zu haben.*«

Zu bemerken ist, dass nach den Vorgängen in den 80er Jahren des 19. Jahrhunderts im Härtelwald eine bescheidene Kapelle erbaut wurde, die während all der Jahre von Gläubigen frequentiert wurde. Offizielle, feierliche Gottesdienste hat es wohl nie gegeben. Im Gegenteil, von den Ortspfarrern wurde ihre Existenz gegenüber auswärtigen Gästen möglichst verschwiegen oder heruntergespielt. Privatpersonen taten sich zu einem Verein zusammen und übernahmen die Pflege. Diese kleine, verlorene Andachtsstätte am Rande einer kleinen Ortschaft, am äußersten Rand der Republik, rückte im Sommer 1999 in den Mittelpunkt des allgemeinen Interesses.

KAPITEL II

Zerstörtes Frauenbild

Schon der Start der Vorkommnisse entbehrt nicht einer gewissen Dramatik. Was ist passiert am 17. Mai 1999? Marion Guttmann wird von ihrer Freundin besucht, um über ihre Urlaubserlebnisse zu berichten. Ein normaler Vorgang unter Freundinnen. Plötzlich verspürt Marion ein inneres Drängen, sich ins Auto zu setzen und nach Marpingen in den Härtelwald zu fahren. Die Freundin fährt mit. Während der Fahrt sieht Marion plötzlich – wie sie später berichtete – ein leuchtendes Kreuz vor sich und Wesen aus einer anderen Welt, die sie als Engel bezeichnet, gleich danach die Madonna, für kurze Zeit mit ihrem Sohn auf dem Arm.

In der Kapelle angekommen bekommt sie von der geheimnisvollen Frau die Anweisung, den Kreuzweg im Wald hochzugehen. Dort oben erwartet die Madonna Marion lächelnd im weißen Gewand, ohne Kind. Nach dieser Begegnung kehren beide Frauen, die Freundin Petra sieht übrigens nichts, in die Kapelle zurück. Unten angekommen bekommt Marion von der mysteriösen Frau zum ersten Mal eine Botschaft.

Es ist eine merkwürdige Begrüßung: »*Ich komme als Mutter für Deutschland.*« Dann folgen ein paar höfliche Bemerkungen über die gepflegte Gebetsstätte und schließlich eine zweite Mitteilung: »*Ich will den Triumphzug meines unbefleckten Herzens in Marpingen beginnen.*« Was mich bewogen hat, mich überhaupt näher mit den in Marpingen insgesamt gefallenen Worten zu befassen, ist diese Selbstbezeichnung bei der Begrüßung. Wer etwas von christlicher Mystik und Prophetie versteht, weiß, dass es sich hier – sollte es tatsächlich um diesen Bereich gehen – um eine prophetische Sprache handelt. Zwar wird heute viel von Prophetie gesprochen und zahlreiche Menschen nehmen sogar für sich in Anspruch, Propheten zu sein, darunter ein weltweit bekannter Zeitschriftenverleger atheistischer Ausrichtung, aber vom Wesen der Prophetie ist so gut wie nichts bekannt.

Authentische Propheten werden meist abgelehnt, verfolgt, gesteinigt – pseudoprophetische begrüßt, weil sie gewöhnlich den Hang des Menschen bestätigen, sich gehen zu lassen. Unheilpropheten finden ihr Publikum bei religiös unausgereiften Menschen, die weniger die eigene Umkehr anstreben als den Nervenkitzel. Die saubere prophetische Sprache bevorzugt Schlüsselbegriffe der menschlichen Psyche, sie greift auf Urbilder des Unterbewusstseins zurück.

Sollte es sich um jene Frau handeln, die man im Christentum als »Madonna« bezeichnet, wollte sie demnach gleich am Anfang unterstreichen, wie sie in diesem Fall gesehen und angesprochen werden möchte. Das ist im Vergleich zu bekannten Marienerscheinungen der letzten 150 Jahre, etwa in Lourdes, etwas ungewöhnlich. Dort hatte sie sich als »Unbefleckte Empfängnis« bezeichnet, an anderen Orten als »Königin des Friedens« oder als »Königin des Weltalls«. Königin (oder König) bedeutet von seinem Ursprung her »Norm«, »Gesetz«. In Marpingen tritt sie als »Mutter« auf mit einem klaren Bezug zur deutschen Nation. Das muss man für den Fall im Auge behalten, dass man die Vorgänge auf rein natürliche Weise interpretieren möchte, was naheliegend ist. In Marpingen wird auf eine unübersehbare Weise – gewissermaßen mit einem Eklat – auf das Mutterbild verwiesen. Jene »Frau aus der Ewigkeit« sieht sich als Mutter. Wenn es sich um seelische Projektionen handelte, wäre das ein Urschrei deutscher Frauen nach der verlorenen Mutterfigur.

SELBSTVERSTÄNDNIS AUF DEM TIEFPUNKT

Es wäre sinnlos, sich weiter damit zu befassen, wenn man es nicht vor dem Hintergrund des sich auflösenden Mutterbildes in unserer Gesellschaft sehen würde. Das Selbstverständnis der Frau in der westlichen Zivilisation, vor allem aber in Deutschland, befindet sich auf einem Tiefpunkt. Nach dem Zweiten Weltkrieg sprach man gern von einer vaterlosen Gesellschaft. Dieses Land ist längst auch eine mutterlose Gesellschaft geworden. Im 19. Jahrhundert hatte sich der Vater durch die Industrialisierung rapide vom heimischen Herd verabschiedet. Im 20. Jahrhundert verstärkte sich der Trend durch politische Bewegungen wie den Nationalsozialismus und den Kommunismus. Das entstandene Vakuum in der Familie füllte die Mutter aus. Sie vor allem vermittelte den Kindern im Prinzip alle Werte für das Leben, jedoch nicht immer zum Vorteil für die Kinder, weil diese aus jeweils verschiedenen Gründen die Anleitung beider Eltern brauchen.

Nach dem Zweiten Weltkrieg traten andere Kräfte in Erscheinung, die sich zwar nicht direkt gegen das Mutterbild richteten, jedoch in ihrer Dynamik und in ihrem Einfluss auf die Psyche der jungen Menschen die Mutter verdrängten. Das waren die Popstars. Nicht mehr von den Müttern kamen die Verhaltensregeln für das Leben, sondern von der Bühne, in den Discos und von den Schallplatten. Elvis Presley, die Beatles, »Madonna«, Bob Dylan gaben die Richtung der Gefühle, des Denkens, der Lebensgestaltung vor, mit anderen Worten, die Unterhaltungsindustrie.

Hinzu kamen die Fortschritte bei der Gleichberechtigung der Frau, die unmerklich eine Qualität annahm, die nicht unbedingt allen Frauenrechtlerinnen als Ideal vorschwebte. Frauen wollten nicht nur die gleichen Rechte wie die Männer, Frauen wollten sein wie die Männer – und diese Haltung wurde ihnen auch von Ideologen suggeriert. Die französische Intellektuelle Simone de Beauvoir propagierte in ihrem Buch »Das andere Geschlecht« die Meinung: Man kommt nicht als Frau zur Welt, man wird es. Der marxistisch orientierte Psychologe Ernest Bornemann aus Salzburg drückte es noch radikaler aus: »Die Befreiung der Frau kann nur durch die Befreiung von der Geschlechtlichkeit erfolgen.«

Dr. Clarice Kestenbaum, Spezialistin auf dem Gebiet der Kinder- und Jugendpsychiatrie am Columbia University College für Ärzte und Chirurgen, hat sich 25 Jahre mit der Frage auseinandergesetzt, ob es einen mütterlichen Instinkt gibt. Und sie widerlegte Spekulationen wie die von Simone de Beauvoir und die des Marxisten Bornemann. So untersuchte sie Meinungen und Verhalten schwangerer Karrierefrauen und hielt diese durch Videoaufnahmen fest. Viele versicherten der Forscherin in dieser Zeit mit dem Brustton der Überzeugung: »Dieses Kind wird mein Leben nicht besonders verändern.«

Zur großen Überraschung stellte man nach der Geburt des Kindes fest, dass das Baby entgegen aller ursprünglichen Absicht plötzlich zum wichtigsten Wesen für die Frauen wurde, wichtiger als Ehepartner oder andere Personen. Die biologische Struktur, das zeigten die Forschungsergebnisse, ist demnach stärker als alle »frommen Wünsche« und Vorstellungen vorher. Und diese Erkenntnis schockierte die Studenten immer wieder aufs Neue. Mit einer andersartigen Reaktion würde die Frau offenbar ihre Natur vergewaltigen.

Im Berufsleben und in der Politik haben die Frauen die Sprache der Macht gelernt, genau das, worunter sie immer gelitten hatten. Die Frau müsste von ihrem Wesen her eher eine instinktive Abneigung gegen die Macht haben. Der Prozess der Gleichberechtigung hat zunächst einmal nicht die Männer beschädigt, sondern vor allem die Frau, was auf lange Sicht nicht ohne Schaden für den Mann bleiben wird. Denn er bedarf des Weiblichen und des Mütterlichen weit mehr, als er noch heute in der Filmindustrie, auf den Universitäten und in den Kirchen zugeben will oder kann.

Zu einer weiteren Aushöhlung des Mutterbildes hat die Sexualisierung des ganzen Daseins beigetragen. Die Frau wird – ob gewollt oder ungewollt – nur als Sexualobjekt gesehen –, und das fängt bei der Werbung an. Weder kleine Mädchen noch kleine Jungen lernen am Bildschirm die Frau als Quelle der Geborgenheit, der Zuflucht, der Mütterlichkeit sehen und schätzen, sondern unterschwellig vor allem in ihrer Rolle als ständig verfügbare Lustpuppe.

Den letzten Beitrag zum Verblassen des Mutterbildes hat die überzogene, einseitige Psychologie geliefert, die sich vor allem auf die Schäden spezialisiert hat, die Mütter angeblich oder tatsächlich ihren Kindern zugefügt haben, weniger auf die positiven Lebensimpulse, die man seiner Mutter verdankt. Das hat zu einer großen Verunsicherung der Mütter selbst geführt, zu oft unbewältigten Schuldgefühlen und bei den heranwachsenden Töchtern sogar Angst vor dem Muttersein geschürt. Dass Männer Frauen und Kinder ohne größere Hemmungen im Stich lassen können, ist so alt wie die menschliche Geschichte, dass aber Mütter ihre Kinder allein lassen, ist vollkommen neu. Das hat es in keiner Kultur gegeben, allenfalls in Randkulturen.

Vor dem Hintergrund dieser Erfahrungen lässt eine Beobachtung aufhorchen, die englische Wildhüter gemacht haben, die im Jahre 1995 in Indien Wanderungen von Elefanten beobachteten. Sie konnten zum ersten Mal feststellen, dass Elefantenmütter ihre Babys verlassen. Das hängt mit der Abholzung der Wälder zusammen. Die Entfernungen von einem Waldstück zum anderen werden immer größer, sodass die Muttertiere wahrscheinlich von Angstgefühlen erfasst werden, ob sie die Kleinen und sich selbst überhaupt durch die waldlose Gegend bringen können.

Mit anderen Worten, der Entzug der Lebensgrundlagen kann Tiere veranlassen, diesen Urinstinkt zu verschütten, obwohl sie ansonsten ihre Kleinen vehement verteidigen und unter großen Opfern durchzubringen versuchen.

Hier drängt sich eine Parallele zum Menschen der Gegenwart auf. Rund um den Erdball beobachten wache Gemüter die Zerstörung der Umwelt, die Vernichtung unserer Lebensgrundlagen. Das beginnt mit der Verunreinigung der Luft, setzt sich bei der Viehzucht fort –

man erinnere sich an die BSE-Krise Anfang des Jahres 2001 – und bei gewagten gesellschaftlichen Veränderungen, wie etwa der zahlenmäßig zunehmenden Homo- und noch mehr der Singlegesellschaft, für die es weder langfristige Vorgaben noch Leitbilder gibt. Diese neuartige gesellschaftliche Zukunftsperspektive weckt offenbar Angst.

Im Juni 2001 machte die Bundesjustizministerin Herta Däubler-Gmelin eine Mitteilung, die diese Überlegungen erhärtet. Demnach nehme die häusliche Gewalt nach Einschätzung der Politikerin zu. Allein in Deutschland würden jedes Jahr etwa 45.000 Frauen Zuflucht in Frauenhäusern suchen. Etwa die gleiche Zahl suche bei Verwandten oder bei Freunden Unterkommen, wobei man davon ausgehen kann, dass die Dunkelziffer bei den geschundenen Frauen hoch sein dürfte. Dadurch entsteht kein Anreiz für junge Frauen, Mutter zu werden.

Die Ministerin rief zu einer Schärfung des öffentlichen Bewusstseins gegenüber der häuslichen Gewalt auf. Das ist zwar gut gemeint, packt jedoch das Übel nicht an der Wurzel, sondern kuriert lediglich Symptome. Der Kern des Problems liegt darin, dass Frauen und Kindern die psychischen Lebensgrundlagen entzogen werden, dass sie heimatlos werden. Kinder ohne Zuhause verlieren ihr Selbstwertgefühl.

Zwar ist die historische Zeitspanne, in der Mütter ihren Kindern den Rücken kehren können, noch sehr kurz, jedoch ausreichend, um in der Psychotherapie folgende Schlussfolgerungen zu ziehen: Kinder, die ohne Mütter aufwachsen, erweisen sich oft bald als schwer erziehbar, sie sind anspruchsvoll – offenbar ein Ersatz für mangelnde mütterliche Zuwendungen. Sie sind zudem antriebsschwach und extrem aggressiv. Ihr Leben wird zu einem zermürbenden Leiden.

In Schweden und Russland scheint man die Auswirkungen am nachhaltigsten zu spüren. Als einsame Prophetin hat sich diesbezüglich die Psychologin und bekannte Buchautorin Christa Meves herausgestellt, die diese Entwicklung in den 70er Jahren vorausgesagt hat und inzwischen von der Geschichte bestätigt wurde.

Könnte es demnach nicht sein, dass Marpingen in erster Linie einen gewaltigen Protest, ein gigantisches geistiges, mystisches oder seelisches Rotlicht darstellt, das vor der Vernichtung unserer Lebensgrundlagen warnt? Aufgabe einer Mutter war es immer, Kindern Werte und Orientierungen zu vermitteln, die sie nicht nur vor Gefahren des Daseins schützen, sondern ihnen bei der Bewältigung der zu erwartenden Prüfungen Hilfestellung leisten.

Hat sich in Marpingen eine Frau aus einer anderen Dimension der deutschen Nation als Mutter offenbart, um einem kollektiven Notstand entgegenzukommen? Oder haben dort im Zweifelsfall drei junge deutsche Frauen im Namen einer seelisch schwer geschädigten Nation aus den Tiefen ihres Unterbewusstseins auf dramatische Weise nach Heilung gerufen und die Möglichkeiten einer solchen aufgezeigt: ein Mutterbild, das den gewaltigen Herausforderungen entspricht, die sich am Horizont eines neuen Jahrtausends abzeichnen?

SCHÜTZENHILFE DER BRIDGET JONES

Unerwartete Schützenhilfe erhielt das Anliegen der »Madonna« – beziehungsweise der drei Frauen von Marpingen – von einer Seite, von der man es am allerwenigsten erwartet hätte, von der Filmindustrie der angelsächsischen Welt.

Im Frühjahr 2001 wurde in England ein Streifen unter dem Titel »Bridget Jones Diary« (»Das Tagebuch der Bridget Jones«), in Deutschland »Bridget Jones – Schokolade zum Frühstück«, zum Renner. Meine auf der Insel studierende 25jährige Tochter machte mich sofort darauf aufmerksam. Er spiegelt die Situation von weiblichen Singles aus der Generation der über 30jährigen wider, karriereorientiert, beziehungsgestört und letzten Endes vereinsamt. Von den Kommentatoren wurde der

Film als verrückt-romantische Komödie bezeichnet. Bei den meisten hatte man den Eindruck, dass sie den hintersinnigen Gedanken gar nicht wahrnehmen wollten oder aufgrund der gleichgestrickten Denkschemen gar nicht verstehen konnten. Manche sprachen von einer 08/15-Beziehungskomödie.

Der Film stützt sich auf den gleichnamigen Roman der englischen Journalistin Helen Fielding. Er wurde zunächst in der renommierten Tageszeitung »Independent« vorveröffentlicht und hat – zum Erstaunen der Autorin – Menschen aller Altersklassen beiderlei Geschlechts betroffen gemacht, ein Beweis, dass die Verfasserin unterschwellige Zweifel, Ängste und Orientierungslosigkeit der ganzen Gesellschaft ausgesprochen hat. Mit der Gestalt der Hauptheldin Bridget, dargestellt von der Schauspielerin Renée Zellweger, wird ein brennendes Problem unserer Zeit angesprochen.

Die hochrangige Besetzung mit bekannten Schauspielern aus erfolgreichen Filmen, denen ein vergleichbarer roter Faden zugrunde lag, lässt ahnen, dass es den Verantwortlichen keineswegs nur um eine seichte Klamaukkomödie ging.

Engagiert worden war Colin Firth, der einige Jahre zuvor in der Fernsehserie »Pride und Prejudice« (»Stolz und Vorurteil«) nach dem Buch von Jane Austen große Popularität gewonnen hatte. Er verkörperte dort den moralisch hochstehenden, pflichtbewussten und am Ende opferbereiten Adeligen Darcy. Hugh Grant, Millionen aus dem Film »Notting Hill« (nach einem Lon-

doner Stadtteil) bekannt, wo er als Partner von Julia
Roberts die Problematik von Reichtum, Ruhm, Fremd-
bestimmung und persönlicher innerer Vereinsamung
vor Augen führte. Sogar der berühmte Schriftsteller
Salman Rushdie, auf dessen Kopf das Regime in Iran
wegen seines Buches »Satanische Verse« eine hohe Be-
lohnung ausgesetzt hat, was ihn zwang, sich über Jahre in England an einem streng geheim gehaltenen Ort
aufzuhalten, wurde in einer Nebenrolle eingebaut. Pro-
duzent und Regisseur gaben damit zu verstehen, welchen Rang und welche Qualität sie ihrem Streifen
»Bridget Jones Diary« zuordnen wollten.

GLEICHGEWICHT UND GEBORGENHEIT

Es ist die Geschichte einer 33jährigen Frau, die in einem Buchverlag arbeitet. Ihre Jahre schwinden dahin
zwischen Parties, Alkohol, Zigarettenkonsum, Genuß
und Abspecken. Aber schließlich stellen sich schlei-
chend Hoffnungslosigkeit und Selbstzweifel ein.

Alle Versuche, über Abmagerungstraining, Aufklä-
rungs- und Selbsthilfebücher aller Art, die so reichlich
auf dem Büchermarkt angeboten werden, aus der Sackgasse herauszukommen, gehen daneben. Auf einer Party mit Ehepaaren ihrer Generation wird ihre Situation

deutlich. Man mokiert sich über sie, ein junger Mann zeigt mit süffisantem Lächeln auf den Bauch seiner schwangeren Frau. Mit anderen Worten, sie wird über Anspielungen und Gesten darauf aufmerksam gemacht, dass ihre biologische Uhr abläuft. In ihrem Vorgesetzten, der im Grunde die gleiche Mentalität verkörpert, glaubt sie, endlich den Mann fürs Leben gefunden zu haben. Eine Alternative, den Anwalt Mark Darcy, den ihr ihre Eltern auf einer Party vorgestellt hatten, nimmt sie nicht ernst. Aber der Hoffnungsträger, ihr Chef Daniel, entpuppt sich schnell als Windhund, für den sie nur ein flüchtiges Erlebnis darstellt. Er flirtet bereits mit einer anderen, beziehungsgestört wie sie.

Das Maß wird voll, als ihre eigene Mutter erotische Frühlingsgefühle entwickelt, das Haus verlässt und einem drittklassigen Fernsehmoderator nachläuft, der sie in seiner Sendung einsetzt. Entsetzt beobachten Vater und Tochter die Auftritte am Bildschirm. Ernüchtert kehrt die Mutter jedoch zur Zufriedenheit der Tochter ins Haus zurück und versöhnt sich mit ihrem Mann. Die Familie ist wieder intakt.

Bei der Durchführung einer Reportage über die drohende Abschiebung eines verheirateten Flüchtlings – sie arbeitet inzwischen für das Fernsehen – begegnet Bridget dem Anwalt Darcy wieder, der ihr nach ihrem missglückten Erstversuch vor der Kamera dazu verhilft, ein Asylanten-Ehepaar für den Sender zu befragen. Damit ist ihre Position gerettet. Den Erfolg möchte sie mit der Clique in ihrer Wohnung feiern, wobei sie sich jedoch in der Küche als Niete erweist. Diese Situation versucht Darcy halbwegs zu retten, der Anwalt, der in der Küche gekonnt zupackt und den Gästen über die kulinarische Enttäuschung hinweghilft. Unangekündigt taucht auch der Kollege Daniel aus dem Verlag auf und versucht sie wieder für sich zu gewinnen. Darcy bittet den Mann daraufhin nach draußen und schlägt ihn vor der Tür zusammen. Er begleicht damit eine alte Rechnung zwischen den beiden, denn der Verlagsmann hatte ihm einst die Ehefrau ausgespannt.

Am Ende taucht der menschlich gebeutelte Anwalt abermals bei Bridget auf, um ihr einen Antrag zu machen. Zuvor hatte er eine Stelle in New York ausgeschlagen. Sie zieht sich für einen Augenblick ins Nebenzimmer zurück, um sich umzukleiden, für Mark Darcy eine Gelegenheit, einen Blick in ihr Tagebuch zu werfen, in dem sie ihn mit wenig schmeichelhaften Worten beschreibt. Er verlässt die Wohnung. Als sie ins Zimmer zurückkehrt und bemerkt, was er gelesen hatte, stürzt sie noch halbbekleidet in die winterliche Nacht hinaus und rennt ihm hinterher.

Die Szene dürfte die aussagestärkste in der Filmgeschichte der letzten Jahre sein. Die junge, verzweifelte Frau, die spürt, dass sie der letzten Chance ihres Lebens nachläuft, symbolisiert die Lage einer Generation von Frauen, die panikartig in einer gemütsarmen und gefühlskalten Umwelt der Frage nach dem Sinn und Ziel ihres Daseins nachläuft: eine Bankrotterklärung aller extrem feministischen Ideologien des 20. Jahrhunderts.

Zyniker der Spaßgesellschaft mögen darüber süffisant lächeln, Millionen von Menschen scheinen es anders zu sehen. Das beweist die Resonanz.

Die scheinbar kitschig-rührselige Schlußszene gipfelt in der Aussage, am Ende findest du Gleichgewicht, Geborgenheit und inneren Frieden nur bei einem Partner, der nicht mit dir spielt, der dich nicht nur für die Befriedigung seiner biologischen Bedürfnisse missbraucht, sondern den unverwechselbaren Menschen in dir sucht (»so wie du bist«).

DER SCHREI

Bei Film und Buch handelt es sich keineswegs nur um eine Eintagsfliege. Sie fügen sich ein in einen wahren Boom von Veröffentlichungen der gleichen Thematik. 1993 startete in Dublin in Irland Patricia Scanland mit »City Girl« (»Mädchen der Stadt«) einen Titel zum Thema frustrierter und zunehmend desillusionierter weiblicher Singles, aus dem dann drei Bände wurden.

Die Frauenzeitschrift »Woman's Realm« empfahl dazu: »Read it and find out what we're all looking for« – »Lesen Sie und erkennen Sie, was wir alle suchen«. In den USA erkannte die New Yorker Journalistin

Candace Bushnell den Trend und beschrieb in ihrem Titel »Sex and the City« das Pendelleben von vier weiblichen Großstadtsingles, neurotisch verbogen, bei denen sich alles nur um Sex dreht, während im Unterbewusstsein die Torschlusspanik wächst. Jeden Abend ziehen sie durch die Bars und treffen doch immer nur auf die bekannten Playboys. Das Fernsehen setzte die Thematik in die Bildschirmsprache um und präsentierte Millionen von Zuschauern die verirrten Lebenserwartungen junger Frauen. In Deutschland griff es der Fernsehsender »Pro 7« auf.

In der »Welt am Sonntag« vom 19. August 2001 sprach die 33jährige deutsche Designerin Jette Joop, die mehrere Jahre in New York gelebt und dort Candice Bushnell kennengelernt hatte, ihre Eindrücke über eine Generation und eine Welt aus, die sie gerade hinter sich gelassen hatte: »Für mich war es eine ganz bewusste Entscheidung zu sagen: Ich muss raus aus diesem Spiel... ich hatte beruflich erreicht, wovon ich geträumt hatte, wurde auf der Straße erkannt und angesprochen, wohnte in einem großen Loft in Soho und erwartete, dass nun eine Form von Zufriedenheit einsetzte. Von meinem damaligen Partner hatte ich mich gerade getrennt.

An diesem Abend war die Wohnung also leer, meine Freundinnen hatten keine Zeit und ich stand auf der Straße im dunklen, regnerischen New York, hatte niemanden, um mich zu verabreden, und dachte: Nee, das ist es nicht. So willst du gar nicht leben. Der Ausweg?

Ich habe mich geöffnet für eine richtige Beziehung. Ich war weniger schroff, weniger hart, habe anderen mehr zugehört ... in Wahrheit wünscht man sich doch ein familiäres Leben. Dann muss man die Weichen radikal anders stellen, sonst lernt man nie jemanden kennen, mit dem die Verwirklichung solcher Träume möglich ist.« Eine ehrliche Stimme. Was man gelegentlich anderweitig zu lesen bekam, war meist mit leichtem Zynismus durchsetzt. Aber Zynismus ist die Sprache der Schwachen, denen es an Kreativität fehlt.

In Deutschland bin ich weder auf einen Film noch auf eine Buchveröffentlichung im Stile von »Bridget Jones Tagebuch« gestoßen. Offensichtlich hinken wir in diesem Lande im Jahre 2001 wieder hinter einer Bewusstseinsveränderung her, die sich anderweitig anbahnt. Es stimmt nachdenklich, dass sich 1999 in Marpingen drei Frauen der gleichen Generation zu Worte gemeldet haben, ob nun im Auftrag einer Frau aus einer anderen Dimension, sprich der Madonna, oder aus eigenem Impuls.

Und bereits am ersten Tag wurde, in eine archetypische, allgemein verständliche Sprache gehüllt, angesprochen, was sich in der Unterhaltungsliteratur – für einen anspruchsvollen literarischen Geschmack vielleicht sogar Trivialliteratur – und in der Filmindustrie wie ein Echo ausmacht: der Schrei der Frau nach ihrem Recht auf ihre eigentliche Identität, als Frau und Mutter. In Marpingen hat sich die mysteriöse Frau aus der Ewigkeit – nach den Aussagen der betroffenen drei

Frauen – einer durch politische, wirtschaftspolitische und gesellschaftliche Illusionen verunsicherten Generation auf eindrucksvolle Weise als Leitbild und Orientierung angeboten.

KAPITEL III

In schwer bedrängter Zeit

Unbehagen haben sicherlich nicht wenige empfunden, mir ging es nicht anders, als sie hörten, die Madonna habe in Marpingen von einem Triumphzug gesprochen, den sie von dort aus starten wolle. Mit diesem Begriff verbinden sich mehr negative als positive historische Erinnerungen. Wer triumphiert, hat meistens eine Blutspur hinter sich gelassen. Man triumphiert meistens auf Kosten anderer Menschen. Es gibt natürlich auch die Vorstellung eines Triumphes des Guten über das Böse, aber diese gehört eher in die Begriffswelt der Philosophie.

Seinen Ursprung hat der Triumphzug im Rom des Altertums noch vor der Geburt Christi. Es war ein Festzug vom Marsfeld zum Kapitol, den der Senat einem siegreichen Feldherren auf Staatskosten zugestand. Diese legten Wert darauf, der Bevölkerung die mitgebrachte Kriegsbeute und die gefesselten und gedemütigten Gefangenen vorzuführen, neue Sklaven. Später machten die Kaiser den Triumphzug zu ihrem ausschließlichen Privileg. Auf diesen Ursprung gehen die späteren Triumphbögen z.B. in Paris (Arc de Triomphe) und in Berlin (Brandenburger Tor) zurück.

Aber es gibt auch eine andere Linie. In den Kirchen des frühen Christentums trennte ein großer Bogen den Chor vom Kirchenraum, auch diesen nannte man Triumphbogen. In seiner Mitte hing ein großes Kreuz,

Triumphkreuz genannt. Damit kommt man der Sache auch in Marpingen schon etwas näher. Das Kreuz, Symbol tiefster Erniedrigung des Menschen, wurde also von den frühen Christen als eigentlicher Triumph bezeichnet, der Sieg des Schwachen, des Leidenden über die Mächte, nicht das Vorführen von Beute oder neu versklavten Menschen. Hier könnte auch eine Erklärung für die Ankündigung jener geheimnisvollen Frau von Marpingen liegen.

Moderne Musik hat zur Zerstörung der Mutterrolle beigetragen. Die Mutter ist dem Profit zum Opfer gefallen. Profit hat ihr Antlitz zerstört. Die Moral vieler Mütter ist auf einem Tiefpunkt angelangt, als weitere Konsequenz auch das Selbstverständnis der Frau. Die Madonna stellt, wie man sie aus den Schriften kennt und wie sie in die Geschichte eingegangen ist, das Gegenteil von Profit dar. Sie ist – wie es in ihrem Lied »Hoch preiset meine Seele den Herrn« heißt – eine Herausforderung an die Mächtigen, auch an die Macht des Geldes. Möglicherweise ist das ein Grund, warum sogar in der Kirche Personen, die eher auf Macht und Gehorsam setzen, erfahrungsgemäß etwas gegen angebliche oder wirkliche Selbstoffenbarungen dieser Frau in Visionen und Erscheinungen haben. Für Machtorientierte, für Selbstgefällige bleibt sie ein Störenfried, den man nicht zum Zuge kommen lassen darf, wenn irgend möglich ihre Initiativen schon im Keim erstickt. In der Herzegowina hat man es im letzten Jahrzehnt des 20. Jahrhunderts erlebt. Die damals ihre Aufrufe nicht ernst genommen haben, den Frieden zum Maßstab des politischen und gesellschaftlichen Handelns zu machen, mussten sich zu Beginn eines neuen Jahrtausends vor dem Internationalen Gerichtshof in Den Haag verantworten.

Das gilt auch für jene, an die in den Jahren von 1981 bis 1983 in Kibeho in Ruanda ein ähnlicher Aufruf ergangen ist. Ruanda wurde 1994 tatsächlich zu einem Ort der Greuel, viele Menschen ermordet, regelrecht abgeschlachtet, das Gotteshaus von Kibeho niedergebrannt. Ende Juni 2001 hat die katholische Kirche die damaligen Erscheinungen anerkannt. Am 30. Juni veröffentliche das vatikanische Presseamt eine entsprechende Erklärung. Es gebe mehr Gründe zu glauben als zu verneinen, hieß es. Unterstrichen wurde allerdings, dass eine solche Anerkennung nicht die Unfehlbarkeit für sich beanspruche.

LEITBILD: SÜNDENFREIE KULTUR

In Marpingen soll sie von einem »Sieg ihres unbefleckten Herzens« gesprochen haben. Unbefleckt heißt »sündenfrei«. Sie verkörpert eine sündenfreie Mentalität, eine sündenfreie Phantasie, sündenfreie persönliche Kultur. Sie erscheint im weißen Gewand, ein Hinweis auf Unschuld. Sie ist unbelastet, hat die Ordnung, der sie sich verpflichtet weiß, nie verletzt. Die »Frau von Marpingen« – ob Traum oder Transzendenz (Ewigkeit) – kündigt demnach den Sieg ihrer persönlichen sündenfreien Kultur als Leitbild für Deutschland an.

Wer es anders sehen will, könnte auch von einer heimlichen Sehnsucht der Frauen nach einer Kultur sprechen, die sich hier ausdrückt und die das Gegenteil von dem sein würde, was die menschliche Zivilisation an der Schwelle zum dritten Jahrtausend geworden ist.

Das klingt so unglaubwürdig, so unwahrscheinlich, dass man geneigt sein könnte, die Dinge nicht mehr weiter zu verfolgen. Wenn man der Versuchung erliegt, es dennoch zu tun, dann ist es die Erinnerung, dass im Jahre 1917 in Fatima in Portugal, am Rande Europas, von eben dieser selben Frau aus der Ewigkeit die Entstehung und der Niedergang des Kommunismus in Russland vorausgesagt wurden, was damals viele nicht ernst nehmen wollten und nicht konnten. Es hätte viele politische Fehlentscheidungen verhindert und der Menschheit Ströme von Blut erspart.

Bei dieser rückblickenden Geschichtsbetrachtung sollte man die Zeitspanne nicht aus dem Blick verlieren. Von der Ankündigung (1917 n. Chr.) der sich in Russland anbahnenden politischen und geistigen Verirrung bis zum Zusammenbruch der Sowjetunion (1991 n. Chr.) und damit der machtpolitischen Basis der ideologischen Verirrung liegt eine Zeitspanne von 74 Jahren. Wer also, was Marpingen angeht, auf einen »schnellen«

Ablauf des dort angekündigten »Triumphzuges« setzt, was nicht nur bei manchen frommen Gemütern der Fall ist, dürfte wahrscheinlich, wenn man die Situation in Deutschland und in Westeuropa mit bedenkt, bitter enttäuscht werden.

Sündenbewusstsein setzt den Glauben an einen persönlichen Gott voraus, den Glauben an die Existenz einer ewigen, verpflichtenden sittlichen Ordnung. Unter Sünde versteht man im religiösen Leben die bewusste Übertretung oder Missachtung dieser ewigen Ordnung, als Ganzes oder in Teilbereichen. Ein beachtlicher Prozentsatz der Menschen in Deutschland, darüber hinaus in ganz Europa beziehungsweise in der ganzen westlichen und ehemals kommunistischen Welt, gestaltet zu Beginn des 21. Jahrhunderts sein Leben so, als sei diese ewige Ordnung nicht existent und schon gar nicht für den Menschen verbindlich. Das gilt nicht nur für den persönlichen Bereich, sondern zunehmend auch für die Politik und die wissenschaftliche Forschung.

Eine Kultur nach dem Geschmack, nach dem Herzen dieser Frau kann nichts anderes bedeuten als eine Welt, die sich entschlossen anderen Werten zuwenden möchte als jenen, die heute in ihr gelten oder gepflegt werden. Typisches charakterliches Merkmal des Mädchens aus Nazareth in Palästina vor 2000 Jahren war eine bedingungslose Orientierung auf jenen Gott, den zu ihrer Zeit außer ihrem eigenen Volk kein anderes kannte, noch weniger anerkannte, und von dem sich viele in ihrem eigenen Volk eine Vorstellung gemacht

hatten, die sehr bald von ihrem Sohn entschieden korrigiert wurde, was er dann auch mit dem Leben bezah-
len sollte.

Die Frau von Marpingen, ob aus einer anderen Welt
kommend oder als Projektion, als seelischer Entwurf
von drei Frauen, strebt eine Korrektur der derzeit vorherrschenden Lebensauffassung an. Dazu gehört die
Wiederherstellung des Sündenbewusstseins. Da dies
ein Gottesbewusstsein voraussetzt, setzt sie bei diesem
an. Der Glaube des Mädchens von Nazareth war total,
total ihr Vertrauen in die Absichten jenes Gottes, dessen Wille für sie verbindlich war – unter dem Risiko, in
der menschlichen Gesellschaft als Frau und Mensch zu
scheitern.

GEGENWART UND ZUKUNFT
EINE EINHEIT

Das Gesagte bezieht sich auf die Äußerungen des ersten Tages der Erscheinungen. Es war der 17. Mai 1999.
Zur Selbstbezeichnung und Absichtserklärung kommt
das ganze Erscheinungsbild. Sie kam, so wusste Marion
zu berichten, in Begleitung bekannter verstorbener Persönlichkeiten des 20. Jahrhunderts, u.a. von Edith Stein,
der deutschen Ordensschwester jüdischer Herkunft,

einer Philosophin, die zur großen Mystikerin herangereift war, ehe sie von den Nazis nach Auschwitz verschleppt und dort vergast wurde. Damit wird unterstrichen, dass die in Marpingen angesprochenen Probleme nicht nur das Diesseits betreffen und nicht nur die Gegenwart.

Die bereits von dieser Welt gegangen sind (Edith Stein), sind weiter dabei. Es ist übrigens einer der Grundgedanken des größten englischen Theologen des 19. Jahrhunderts, John Henry Newman, des Wegbereiters der ökumenischen Bewegungen im 20. Jahrhundert. Vergangenheit, Gegenwart und Zukunft bilden eine Einheit, einschließlich der Menschen, die sie geprägt haben und durch das Wirken ihres geistigen Erbes weiter prägen. Diese Sicht ist vollkommen verloren gegangen.

Es zählt nur das »Hier und Heute«, im Grunde eine Haltung der Verantwortungslosigkeit sowohl gegenüber der Vergangenheit als auch gegenüber der Zukunft. Die Verirrungen der Väter werden verdrängt, man will nichts mit ihnen zu tun haben, als ob man nicht von ihren Denkmustern geprägt wäre, und gegenüber den Kindern ist eine ähnliche Einstellung erkennbar. Man will sie gar nicht erst haben, und wenn man sie hat, dann geht man sorglos mit jener Umwelt um, in der sie einmal ihr Leben gestalten sollen, mit anderen Worten, man verunreinigt und zerstört sie.

Was in Marpingen gefordert wird, ist eine tiefgreifende Korrektur der derzeit vorherrschenden Lebens-

auffassung und eine radikale Sanierung der Lebensgrundlagen. Man lebt, als hätte es Geschichte nicht gegeben, obwohl jede Generation sich mit ihren Früchten
auseinandersetzen muss, man lebt, organisiert und
beutet aus, als würde es kein Morgen und keine kom-
menden Generationen nach uns mehr geben, im Sinne
des hässlichen Slogans »nach uns die Sintflut«. So denken und handeln Zyniker. In einer gewissen Hinsicht
sind wir wieder einmal eine zynische Generation geworden. In Marpingen hat sich eine gewaltige Sehnsucht zu Wort gemeldet, diese unsere verhängnisvolle
Zivilisation zu beenden.

Das ist eine große historische Herausforderung,
und man darf gespannt sein, wie nicht nur der einzelne gläubige Mensch, sondern die ausdrücklich angesprochene Nation als Nation darauf reagieren wird,
früher oder später. Enttäuschungen und zu erwartende
Abweisungen wurden am dritten Tag (26. Mai 1999)
angedeutet. Sie haben mich sehr aufhorchen lassen. In
der Botschaft heißt es u. a.: »... *lasst euch nicht verwirren.
Geht meinen Weg mit mir zu Jesus.*« Das erinnert fast
wörtlich an Worte, die Jesus bei seiner Abschiedsrede,
am Abend vor seiner Kreuzigung, den wohl in der Vorahnung kommender Dinge sehr bedrückten Jüngern
gesagt hat: »... lasst euch nicht verwirren. Glaubt an
Gott und glaubt an mich.«

Die Anspielung ist unverkennbar. Die ermutigende
Warnung an die Jünger vor zweitausend Jahren war notwendig, denn was bereits wenige Stunden später über

sie hereinbrach, kam einem seelischen Erdbeben gleich. Den Personen von Marpingen dürfte es nicht anders ergehen. Die Vertreter der jüngsten Generation, die dort in ein nationales Anliegen hineingezogen wurden, das sie in ihrer ganzen Tragweite gar nicht überschauen können, dürfen einem leid tun. Die »Frau aus der Ewigkeit« sagt es ungeschminkt: »*Ich werde noch öfter kommen ..., um euch die Kraft zu geben, meinen Weg zu gehen, der oftmals ein Kreuzweg ist, ein Dornenweg.*« Wer in der Menschheit eine Umkehr einleiten, wer sie neuen Höhen entgegenführen, vor der Selbstzerstörung bewahren will, hat keinen leichten Weg eingeschlagen.

MYSTIK UND MYTHOS

Es soll hier keine chronologische Darstellung des »Sommertheaters« von Marpingen im Jahre 1999 gegeben werden, nicht wie, was, wo, zu welcher Zeit wörtlich exakt gesagt wurde. Das ist von kompetenterer Seite längst geschehen und steht hier nicht an erster Stelle. Wichtig erscheinen dem Autor der Kernvorgang und das Kernanliegen, das zur Sprache kam, das in Marpingen seine »visionäre Verdichtung« gefunden hat, was immer man darunter verstehen mag. Deutschland, obwohl ein Land der großen Mystiker, hat ein gebrochenes Verhältnis zur Mystik. Vielleicht steht es deshalb in der Gefahr, übereilt Mythen nachzulaufen, wie es gegenüber dem »Mythos des 20. Jahrhunderts« von Alfred Rosenberg der Fall gewesen ist, einem Buch, das 1930 auf dem Büchermarkt erschien und zum Bestseller in Deutschland wurde und bald danach zur verpflichtenden Literatur. Das Ende waren Massengräber auf den Schlachtfeldern Europas und Tag und Nacht rauchende Gaskammern in Vernichtungslagern. Wahre Mystik hätte das Land vor dem blutigen »Mythos« Rosenbergs bewahren können. Aber wahre Mystik wurde damals verhöhnt, in Geschichtsbüchern in den Mythos eingespannt, der sich bis heute in den Gehirnen von unbelehrbaren Vätern erhalten hat und an Kinder und Enkel weitergegeben wird. Davon hat sich nicht einmal die katholische Kirche freihalten können, wie Verirrungen in der Bibelwissenschaft zeigen.

Unter »Mystik« ist eine »andere Wirklichkeit« zu verstehen. Es ist inzwischen absurd, auch im Lichte moderner Physik, keine andere Wirklichkeit anzuerkennen als die, die wir mit unseren Sinnen wahrnehmen können. Unsere Organe, die uns Orientierung in der Umwelt geben, in die wir hineingeboren sind, ermöglichen uns nur einen Teilzugang zur Wirklichkeit, in der wir leben, von anderen eventuell existierenden Wirklichkeiten oder Welten ganz zu schweigen.

Am 26. Mai 1999 fallen in Marpingen schwerwiegende Worte: »*Ich habe versprochen, wiederzukommen in schwer bedrängter Zeit.*« Dies ist Anspielung auf eine angeblich im 19. Jahrhundert an der selben Stelle beim Abschied gefallene Aussage der Madonna. Was stutzig macht ist die Formulierung »schwer bedrängte Zeit«. Gemeint ist diese unsere Zeit, zu Beginn eines neuen Jahrtausends. Keine sehr schmeichelhafte Analyse und für überzeugte Anhänger der Spaßgesellschaft sicherlich keine annehmbare, sondern eher eine belustigende Bewertung.

ENTSCHEIDENDE ROLLE

Aber Marpingen will keine Bestätigung der Spaßgesellschaft sein, sondern eher das Gegenteil: die Aufforderung, mit dieser zu brechen, und das radikal. Es ist in diesem Zusammenhang erwähnenswert, dass gerade im selben Bundesland, im Saarland, über Jahre ein Politiker wirkte, der Politik als Spaß betreiben wollte und mit dieser Grundeinstellung am Ende in seiner eigenen Partei gescheitert ist. Vielleicht ist dies ein zeichenhafter Hinweis für das Schicksal einer Gesellschaft, die die Wirklichkeit als Unterhaltung verstehen möchte. Marpingen fordert eine Aufkündigung dieser Mentalität.

In der Vision am selben Tag wird erläutert, warum. Die deutsche Nation wird aufgefordert, sich in den Dienst des Friedens zu stellen. Dies wird zweimal hervorgehoben. Und es wird die Bedeutung einer solchen Haltung für »hier und jetzt« bekräftigt. Deutschland fällt demnach eine besondere Verantwortung für das Schicksal der Welt im 21. Jahrhundert zu. Es nimmt eine Schlüsselrolle ein und es soll sich dieser Verpflichtung bewusst werden.

Wer den Mut hat, diesen Aufruf zu Ende zu denken, kann kalte Füße bekommen. Er fragt sich, ob die Madonna sich nicht etwa in der Adresse geirrt haben sollte. Ein Volk, das bis heute die Bürde einer großen Schuld nicht abwerfen kann, die es im 20. Jahrhundert eingegangen ist, dem man immer noch und immer wieder Rechnungen aufmacht, Rechnungen finanzieller und moralischer Natur, ausgerechnet diesem Volk weist eine Frau im Namen der Ewigkeit eine entscheidende Rolle für die Zukunft der Menschheit zu.

Aber sie scheut sich nicht, in einem Atemzug die Voraussetzungen zu nennen. Sie nennt an erster Stelle das Gebet. Für den gegenüber dem religiösen Wortschatz vollkommen unsensibel gewordenen Menschen ist es wichtig, erst einmal abzuklären, was darunter zu verstehen ist. Es geht um die Rückkoppelung mit einer Wirklichkeit, die diese Zeit seit zweihundert Jahren zunehmend aus den Augen verloren hat. Gebet ist Offenheit gegenüber einer anderen Wirklichkeit, Gespräch mit einer anderen Dimension, einer nicht wahrnehmbaren, aber sehr intensiv existierenden.

Es wird in Marpingen, wie schon 1917 in Fatima in Portugal, vor allem das Gebet des Rosenkranzes empfohlen, für die meisten Menschen unserer Zeit und in unseren Breitengraden etwas vollkommen Unbekanntes, allenfalls die Vorstellung von einem seelenlosen Herunterleiern gleichbleibender Texte. Selbst in religiösen Kreisen wird es deshalb von vielen abgelehnt.

Aber der Rosenkranz ist nichts anderes als die Betrachtung eines zentralen Ereignisses in der menschlichen Geschichte, der Menschwerdung Gottes, des Eintauchens des Schöpfers in seine Schöpfung und seine besondere Gegenwart in der Menschheit – »bis an das Ende der Zeiten«.

Mit anderen Worten, in Marpingen erklärt die Frau aus einer anderen Welt, dass die von ihr angesprochene Nation ihrer besonderen Herausforderung nur gerecht werden kann vor dem Hintergrund der im Rosenkranz ständig und von allen Seiten meditierten Menschwerdung des Schöpfers, einer Wahrheit, die inzwischen sogar von christlichen Theologen mit der allergrößten Skepsis betrachtet wird.

Außerhalb dieser Sicht dreht sich menschliches Bemühen um eine friedliche, um eine bessere Welt im Kreise. Immer wieder haben politische Bewegungen zu dem Unternehmen angesetzt, diese Welt »menschlicher« zu machen, mit dem Ergebnis, dass ihre Utopien der Menschheit eher bis dahin unvorstellbare Leiden beschert haben.

Dass dies immer noch nicht erkannt wird, dass im Gegenteil ständig neue utopische Entwürfe auftauchen, die Zukunft nicht nur ohne Rückkoppelung mit der Ewigkeit zu gestalten, sondern sich darüber hinaus zum eigentlichen Schöpfer der Zukunft aufzuschwingen, mit dem Risiko eines endgültigen Scheiterns der Menschheit, darin sieht die Frau von Marpingen die eigentliche Gefahr für dieses Volk und die Welt.

In der Empfehlung eines ständigen Dialogs mit der Ewigkeit liegt die behutsame Warnung, keine Friedensmission auf eigene Faust zu wagen, keine Neuordnung der Welt nach eigenem Gutdünken, wie das im 20. Jahrhundert mit bekannten Folgen geschehen ist.

BEREITSCHAFT ZUR BUSSE

Die Frau von Marpingen nennt die Dinge beim Namen. Voraussetzung für den Erfolg der den deutschen Menschen zugedachten großen Verantwortung für den Frieden der Welt wäre außerdem die Bereitschaft zur »Buße«, ein Wort, bei dem die Mehrheit der Menschen heute abschaltet. Sie sagt es am 26. Mai zweimal und wiederholt es am 3., 4., 5. und am 11. (Erscheinungstag).

»*Betet* (sucht den Dialog mit der Ewigkeit) *und tut Buße und lasst euch* (dabei) *nicht verwirren* (mit anderen Worten, nicht davon abbringen).« Buße gehört inzwischen wie das Wort Sünde eher in ein Sprachmuseum, wie Latein und Griechisch. Beide Begriffe entziehen sich dem Vorstellungsvermögen des heutigen Menschen. Sie erinnern ihn wie Kerker und Folter eher an vergangene Zeiten. Aber die Madonna war in der Kunst nie Symbolfigur für Folter oder Rache, sondern für das Gegenteil. Sie verkörpert Sanftmut und Verstehen. Wenn sie also von Buße spricht, muss sie es in einem ganz anderen Sinne tun. Buße ist keine Drohbotschaft, sondern eine Frohbotschaft. Es kündigt stets den Anbruch von etwas Neuem, einen historischen Einbruch an.

Das Wirken Jesu, der vor zweitausend Jahren eine Wende in der Geschichte der Menschheit ausgelöst hat, wurde vom Aufruf seines »Vorläufers«, Johannes des Täufers, »Tut Buße, denn das Reich Gottes ist nahe«, eingeleitet. Buße heißt Umkehr, Umschalten, die Aufgabe alter »mentaler« – um ein neuartiges Wort zu gebrauchen – Zwangsjacken und verirrter Lebenserwartungen, Buße läutet ein neues Zeitalter ein und eine große Berufung.

Sie ruft also die deutsche Nation dazu auf, eine Kehrtwendung zu wagen, sie hat deren Vergangenheit im Auge. Buße betrifft nicht fiktive Versäumnisse, nicht Illusionen, sondern real zurückliegende Schuld. Buße heißt Wiedergutmachung. Ganz bestimmt denkt sie nicht an jene Wiedergutmachung, die sich in Geldnoten auszudrücken versucht. Leiden sind nicht mit Geld gutzumachen. Geld ist nicht ganz unwichtig. Aber der Madonna (oder dem Unterbewusstsein) geht es um das Wesentliche, um die Rolle des Sühneprinzips. Hitler hat seinen Gefolgsleuten eingehämmert, sie dürften beim Morden keine Schuldgefühle entwickeln. Das Gewissen der Nation wollte er selbst sein. Er wollte angeben, was Schuld bedeutet und wem sie zuzuweisen ist, wollte alle Verantwortung auf sich nehmen für das, was er den Menschen abforderte und was er ihnen zu glauben zumutete. Ein verabschiedetes Gewissen entzieht jedem Sühneprinzip den Boden.

Dieses Erbe lebt noch in Vertretern der zweiten und dritten Generation. Man erlebt es immer wieder. Im Herbst des Jahres 2000 ging eine Meldung über die Agenturen, die diese Erfahrung bestätigte. In Braunschweig haben junge Männer einen älteren Behinderten auf offener Straße vor den Augen von Passanten gequält, keinen Farbigen, keinen Ausländer, keinen Obdachlosen. Niemand hat protestiert. Erst die Polizei setzte dem Spuk ein Ende, nach einem anonymen Anruf. Ein Beamter zeigte sich vom Verhalten der Zuschauenden tief abgestoßen.

Es geht bei der Buße nicht um Rache, es geht um die Wiederherstellung der verletzten Ordnung, um die verletzte Norm zwischenmenschlicher Beziehungen, um die verletzte Norm auch in den Beziehungen zum Schöpfer. Der Zweite Weltkrieg ist formal um den Freistaat Danzig ausgebrochen und 60 Prozent der dortigen

Bevölkerung haben dem zugestimmt. Die Bilanz waren 55 Millionen Tote. Diesen Zusammenhang muss man sehen und ihn sich ständig vor Augen führen, mehr noch, von Generation zu Generation weitergeben. Erschütternd war der Brief eines jungen Soldaten aus Stalingrad im Zweiten Weltkrieg, der vor ein paar Jahren in einer Fernsehserie über die NS-Zeit verlesen wurde, in dem er seinen Eltern vorwirft, sie hätten Hitler zugejubelt und ihn dazu mitverleitet. Jetzt zahle er in der Eiswüste an der Wolga mit seinem Leben den Preis.

SPIELREGELN ZERSTÖRT

An vier Tagen rief die Madonna in Marpingen zur Vergangenheitsbewältigung (Buße) auf. Es ist demnach die Vorbedingung für alles, was sie danach vorzuschlagen hat. Sie sieht die Spielregeln zwischen Gott und dem Menschen total zerstört. Sie spricht es archetypisch aus, in einer für alle verständlichen Sprache: »*Die Sündenflut, die von der Erde zum Himmel steigt, ist nicht mehr annehmbar.*« Der Damm, der eine Flut getretener Normen bändigen und die Umwelt seelisch schützen kann, ist das Gewissen. Es geht demnach um die Wiederherstellung des Gewissens, das an übergeordneten Normen ausgerichtet ist. Vom Gewissen spricht man nur noch im Parlament, wenn es gilt, Sonderpositionen zu verteidigen oder durchzusetzen. Es ist zur politischen Trickkiste verkommen. In der zweiten Hälfte des 20. Jahrhunderts hat Deutschland eine Umkehrung fast aller Werte erlebt, in der es keinen Platz mehr für das Gewissen gibt. Eingeleitet wurde dies von Ideologen, Vordenkern und Politikern in der ersten Hälfte des Jahrhunderts.

In der jüngsten Generation ist sich nur eine Minderheit bewusst, wie sehr die Gesellschaft nach ideologischen Vorgaben aus der ersten Hälfte des 20. Jahrhunderts lebt. Das Ende könnte eine Veränderung der Gesellschaft sein, die alle sozialen und humanen Errungenschaften der Menschheit wieder in Frage stellen müsste. In Marpingen geht es um das Abstreifen verhängnisvoller Gewohnheiten, die diese Nation nicht zur Ruhe kommen lassen. Eines nicht mehr allzu fernen Tages werden die Potemkinschen Dörfer zerbröckeln, die sich die Spaßgesellschaft errichtet hat. Die Aussicht, die sich dann eröffnen könnte, dürfte düster sein.

Am Schluss der Vision am 26. Mai betonte die Madonna, sie wolle »*keine Sensationen*«. Und damit es sich den Seherinnen einprägte, sagte sie es gleich zweimal. Es wurde zunächst so gedeutet, als handle es sich vor allem um die Atmosphäre und den Medienrummel vor Ort. Das wäre zu kurzsichtig. Prophetische Aussagen haben neben der konkreten Situation stets eine Langzeitperspektive vor Augen. Die Madonna will offensichtlich die Abkehr von der Mentalität des Scheins, des

Oberflächlichen und eine Hinwendung zum Wesentlichen, zum Sein, und das nicht nur für den einzelnen Menschen, sondern für die ganze Nation. Die Welt steckt in der Zwangsjacke des Scheins, deshalb trifft die geheimnisvolle Frau mit ihrer Formulierung von der »schwer bedrängten Zeit« den Nagel auf den Kopf.

KAPITEL IV

Historikertag 1998

Den meisten Vertretern der Medien, die sich in Marpingen im Sommer 1999 während der Visionen durch die Massen in die vordersten Reihen drängten, um etwas von dem zu sehen, was nicht zu sehen war, ging es vor allem um Sensationen. Das gestand ungeschminkt ein Reporter gegenüber einem Psychologen: »Wir wollen schon lange nicht mehr informieren.« Sie waren an vordergründigen Phänomenen interessiert, für die hintersinnigen hatten sie kein Gespür, gerade was den Aufruf zur Vergangenheitsbewältigung betrifft.

Dabei hatte ein halbes Jahr zuvor ein weiteres Ereignis Marpingen vorbereitet. Es war der 42. Historikertag im September 1998 in Frankfurt, den manche schnell zu den Akten legen wollten. Die Hauptakteure dieser Konferenz dürften staunen zu hören, wie ihre Rolle in Zusammenhang mit Marpingen eingeordnet wird. Der englische Geschichtsforscher Ian Kershaw maß dem Historikertag eine große Bedeutung zu. Die Gralsschale, das Heiligtum der Forschung, sei von einer Generation zur nächsten übergegangen.

Die vorausgegangene Generation, eine wie Kershaw betont – von der »Hitler-Jugend« geprägte –, trat nicht nur zurück, sondern sah sich plötzlich mit schweren Vorwürfen ihrer Zöglinge konfrontiert. Sie warfen ihren Lehrern und Doktorvätern Komplizenschaft mit dem Nazi-Regime vor, was umso verhängnisvoller gewesen sei, weil die gleichen Männer nach dem Zweiten Weltkrieg zu beherrschenden Figuren der Geschichtswissenschaften wurden.

Johannes Fried, Vorsitzender des Historikerverbandes, leitete die Tagung mit einem Paukenschlag ein. »Ich wollte nicht länger schweigen«, sagte er, als er die Belastungen von Männern andeutete, die sogar seine Vorgänger gewesen waren. Die direkte oder indirekte Beteiligung der Historiker an den Verbrechen des Nationalsozialismus schien bis dahin ein Tabu gewesen zu sein, das man nicht brechen durfte, weil die Betroffenen noch zu sehr das Feld des wissenschaftlichen Bereiches beherrschten. Es stellte sich heraus, dass Historiker nicht nur auf die Erforschung der Vergangenheit festgelegt sind, sondern dass sie durchaus auch die Zeitgeschichte beeinflussen und Weichen für die Zukunft stellen können. Genau das warf man den Amtsvorgängern Frieds vor, Dietrich Erdmann, Theodor Schieder und Werner Conze. Sie hätten in jungen Jahren dem menschenverachtenden Regime zugearbeitet. Conze (1910–1986) wurde vorgehalten, er habe die »Entjudung der Städte Polens« gefordert, weil sie ein »Herd dauernder Spannung und revolutionärer Umtriebe« seien. Nach dem Kriege galt er als einer der führenden Sozialhistoriker der Bundesrepublik Deutschland.

Schieder (1908–1984) habe in jenen Jahren Bevölkerungsverschiebungen allergrößten Ausmaßes und – wie Conze – die Herauslösung des Judentums aus den polnischen Städten empfohlen. Mit solchen Meinungen

hätten sie den mörderischen Ideen des Nationalsozialismus Vorschub geleistet. Ein beachtlicher Teil der
deutschen Historiker sei antidemokratisch und obrig-
keitsstaatlich orientiert gewesen.

Der spätere Rektor der Hamburger Universität,
Adolf Rein, hätte die Machtübernahme Hitlers im Jahre 1933 als kopernikanische Wende bezeichnet. Ihre Be-
geisterung für den Führer habe ihre Wurzeln in einer
feindseligen Einstellung zur parlamentarisch-demokra-
tischen Republik gehabt, die als »Irrbahn« bezeichnet
wurde, eine Irrbahn, die – ihrer damaligen Meinung
nach – von Hitler korrigiert worden sei.

Es hätte auch Ausnahmen gegeben, Professoren, die
ihre Ämter zur Verfügung gestellt haben. Jene, die auf
den Lehrstühlen blieben, verschafften dem Regime dagegen historische Rechtfertigungen, was dieses dank-
bar entgegennahm. Die »Bonner Schule« hätte den Na-
tionalsozialisten das ideologische Rüstzeug für den
Krieg an der Westfront gegeben und Hitler habe sich sogar ausdrücklich auf ihre Arbeiten berufen.

Einige Formulierungen in der Rede von Johannes
Fried wurden von Kommentatoren als revolutionär be-
zeichnet. Das kann man sagen. Ungeschminkt warf er
den Historikern aus der ersten Hälfte des 20. Jahrhun-
derts vor, sie wären der verhängnisvollen politischen
Entwicklung vorausgeeilt, hätten den übersteigerten
Nationalismus, Antisemitismus, Antiliberalismus, die
Feindschaft zur Demokratie, die Verherrlichung des
Führerprinzips gerechtfertigt und damit dem Nazi-Re-

gime den Weg geebnet. Erwartungsgemäß gab es auf dem Treffen auch Gegenstimmen. Man sprach von symbolischem Großvatermord, die neue Historikergeneration würde auf einer Modewelle reiten. Solche Vorbehalte machen verständlich, warum die Aufarbeitung der Vergangenheit in diesem Lande so schwer ist und manche dem Frieden immer noch nicht trauten, der äußere Schein würde trügen.

Es muss seinen Grund gehabt haben, warum die »Frau« in Marpingen von 13 Erscheinungstagen an vier Tagen die Buße hervorhob, und das am Anfang der Serie, am zweiten, dritten, vierten und fünften Tag, gewissermaßen als Grundlage für das, was sie danach vorzubringen hatte. Der Begriff der Buße ist weiter gespannt als der der Wiedergutmachung. Buße schließt – wie schon erwähnt – Umkehr und vor allem Neubeginn ein.

Als Ian Kershaw seine Forschungen über das Dritte Reich Anfang der 80er Jahre startete, war Deutschland zweigeteilt, man habe so ständig das Erbe, die Auswirkungen der Nazizeit vor Augen gehabt. In den 60er und 70er Jahren habe man atmosphärisch unter den Historikern die beherrschende Rolle der »Hitler-Jugend«-Generation gespürt, was in den Debatten vor allem bei der moralischen Bewertung zu spüren gewesen sei. Kershaw gibt seine Empfindungen im Historikermilieu wieder. Hätte er Zugang zu anderen Bereichen gehabt, etwa in den Medien, hätte er dort oft Ähnliches erspürt. Die Wiedervereinigung Deutschlands habe insofern eine Wende auch in diesem Milieu herbeigeführt, als sie mit dem Tode vieler Vertreter der belasteten Historikergeneration zusammenfiel. Das habe einer neuen Sicht der Dinge den Weg geöffnet.

STIMME DES BUNDESPRÄSIDENTEN

Ein Jahr nach Marpingen, im Januar des Jahres 2001, griff Bundespräsident Johannes Rau im Bundestag, anlässlich der Gedenkstunde der Befreiung der Überlebenden des Vernichtungslagers Auschwitz am 27. Januar 1945, die Forderung nach Aufarbeitung der Vergangenheit auf. Bis zur bedingungslosen Kapitulation Deutschlands im Mai 1945 seien viele Deutsche dem Regime treu geblieben, von der Propaganda und durch die Erfahrungen des Bombenkrieges in ihrer Haltung bestärkt. Es habe während des Dritten Reiches weniger Widerstand und Hilfe für Verfolgte gegeben, »als wir uns das im Nachhinein wünschen«, sagte Rau.

Dass organisierter und individueller Widerstand möglich gewesen sei, hätten manche Gewerkschafter, Sozialdemokraten und Christen bewiesen. Große Befürchtungen verriet zugleich in seinen Worten Bundestagspräsident Thierse, katholischer Christ, als er sagte, inzwischen prägten jene Geisteshaltungen und Formen kultureller Blindheit, die den Holocaust ermöglicht hätten, wieder das Alltagsbewusstsein zu vieler Menschen in Deutschland. Rassismus, Intoleranz, Fremdenhass zeigten immer brutalere Formen. Der Politiker gab zu, dass seit dem Jahre 1999, also dem Jahr des »Sommertheaters von Marpingen«, bürgerlicher Widerstand gegen diese Entwicklung erkennbar geworden sei, doch die Gewaltbereitschaft der Neonazis sei ungebrochen.

Wie schwer es dem Menschen, vor allem Politikern fällt, eigenem vergangenen Fehlverhalten ins Auge zu schauen, nicht nur wenn es um die Zeit des Nationalsozialismus geht, sondern um uns weit näher liegende Jahre, z.B. die der Studentenrevolte von 1968 und der danach folgenden Terrorwelle, zeigten im Januar 2001 die Vorwürfe wegen angeblicher Verwicklungen des Außenministers Joschka Fischer in Gewaltaktionen der genannten Zeit. Fischer bemühte sich um Gelassenheit, was viele dagegen bei seinem Parteifreund, dem Umweltminister Jürgen Trittin vermissten, als er von dem Göttinger Naturwissenschaftler Michael Buback, dem Sohn des 1977 von der Terrororganisation »Rote-Armee-Fraktion« ermordeten Generalbundesanwaltes, aufgefordert wurde, sich von einer Veröffentlichung, dem sogenannten Mescalero-Nachruf, nach der Ermordung seines Vaters zu distanzieren.

In diesem war von »klammheimlicher Freude« über die Ermordung Bubacks die Rede gewesen. Der Aufruf war damals im Blatt des Göttinger Studentenausschusses erschienen. Dem AStA in Göttingen hatte auch Jürgen Trittin angehört. Zur Art und Weise, wie der Umweltminister sich im Nachhinein von dem Text absetzte, hieß es in der »Frankfurter Allgemeinen Zeitung«: »Reflexion der eigenen Vergangenheit, gar Grübelei, ist offenbar seine Sache nicht. Kaltschnäuzigkeit, die sich sachlich gibt, dürfte eher Trittins Fall sein.«

BEISPIEL JOHANNES PAUL II.

Dabei hatte kein geringerer als das Oberhaupt der katholischen Kirche, Papst Johannes Paul II., der Welt gezeigt, wie man Vergangenheit bereinigt, um den Weg freizumachen für eine kreative Zukunft. Am 12. März im großen Jubiläumsjahr 2000 bat er die Menschheit um Vergebung für alle Verbrechen, die von Töchtern und Söhnen der Kirche in ihrem Namen im zurückliegenden Jahrtausend begangen worden waren.

Das, wovor viele in der kirchlichen Hierarchie Angst gehabt hatten, weil sie meinten, es könne missverstanden werden, stellte sich als Gegenteil heraus.

Nicht als triumphierende Kirche haben sich Papst und wichtige Kurienkardinäle der Welt vorgestellt, sondern im Gewand der Buße. Viele Jahre hatte der Papst darauf hingearbeitet. Er wollte die Kirche nicht nur in ein neues Jahrtausend führen, er wollte sie gereinigt und glaubwürdig in die Zukunft entlassen. Der Tag ist als großer Meilenstein in die Geschichte der Kirche und der Menschheit eingegangen.

Das große Schuldbekenntnis zum Auftakt eines neuen Jahrtausends wirkte ansteckend. Überall begann man, sich vergangener Fehlentwicklungen zu erinnern und sich zu schuldhaftem Verhalten, das im Namen des Christentums begangen worden war, zu bekennen.

In Australien wandte sich die dortige Bischofskonferenz an die Ureinwohner des Kontinentes und bat um Vergebung für die Schuld, die frühere Generationen gegenüber den Ureinwohnern eingegangen waren. In dem Bekenntnis wurden auch die Frauen erwähnt, Einwanderer und Jugendliche.

Das englische Tageblatt »The Daily Telegraph« schrieb zu dem Ereignis: »Dieses Schuldbekenntnis an der Schwelle zum dritten Jahrtausend ist ein historisches Ereignis«. Im italienischen Blatt »La Stampa« hieß es: »Keine andere monotheistische Religion hat vor der katholischen Kirche eine solche Geste gewagt, zu der sich Johannes Paul II. durchgerungen hat. Dieses Bekenntnis zum Versagen ist nichts anderes als das Eingeständnis, dass das Böse nur durch einen Wandel der eigenen Geisteshaltung korrigiert werden kann.«

Die Lutheraner in Polen folgten dem Beispiel ihres großen Landsmannes. In einer Erklärung hieß es: »Wir bekennen uns zu unseren Sünden und bitten um Vergebung und um das Geschenk des neuen Lebens.« Man hatte dabei auch das Verhältnis zu den Juden im Auge.

Auf der siebenten Sitzung der X. Synode der evangelischen Kirche im März 2000 wurde in einem Dokument festgehalten, man sei sich bewusst, dass die Kirche Christi und die Juden aus der gleichen Wurzel kämen. Deshalb dürfe man nicht gleichgültig bleiben bei Hass und Intoleranz.

Johannes Paul II. ließ es nicht bei dem einen Akt vom 12. März 2000 bewenden, sondern wiederholte ihn an bedeutenden Orten und gegenüber bedeutenden Gemeinschaften und Völkern. Dazu gehört sein Besuch in Athen ein Jahr später im Mai 2001, den viele noch wenige Wochen vorher für unmöglich gehalten hatten. In der Hochburg der sehr selbstbewussten Orthodoxie hat er in 24 Stunden mehr bewirkt, als größte Optimisten ahnen konnten, weil er in der Lage war, über den eigenen, d.h. den vatikanischen Schatten zu springen und kritische Aussagen zu den Kreuzzügen und zu den Unierten zu machen.

Er begann seinen Besuch in Athen mit einem Schuldbekenntnis für Vergehen westeuropäischer Christen während der Kreuzzüge, sprach unumwunden den Kern der Verwundungen an, die noch nach 800 Jahren in der Seele der griechischen Orthodoxie brennen. Es sei tragisch, dass sich der vierte Kreuzzug im Jahre 1204 gegen Glaubensbrüder gewandt habe. Konstantinopel war nicht nur geplündert, sondern zerstört worden, ein neben dem sittlichen Gesichtspunkt verhängnisvoller politischer Irrtum, weil er dem militanten Islam Tor und Tür nach Europa öffnete.

»Die Tatsache, dass es lateinische Christen waren, erfüllt die Katholiken mit tiefstem Bedauern«, erklärte der Papst in Gegenwart des griechisch-orthodoxen Erzbischofs von Athen, des Metropoliten Christodoulos. »Für vergangene und gegenwärtige Situationen, in denen Söhne und Töchter der katholischen Kirche durch Handlungen und Unterlassungen gegen ihre orthodoxen Brüder und Schwestern gesündigt haben, bitten wir den Herrn um seine Vergebung.«

Wie sehr die Bereitschaft, zu eigener Schuld zu stehen, neue Wege eröffnet, zeigte sich bereits einige Stunden später. Man ging mit einer gemeinsamen Erklärung an die Öffentlichkeit. Beide Kirchen seien sich einig, dass die sich abzeichnende Globalisierung auch schädliche Folgen haben könne. Sie sei daher nur im Sinne einer »Globalisierung der Brüderlichkeit« verantwortbar. Beide Oberhäupter stimmten überein, dass bei aller grenzüberschreitenden Gemeinsamkeit unseres Kontinentes die Wurzeln der christlichen Seele Europas nicht Schaden nehmen dürften. Säkularisierung ohne Bezug zur Religion stelle einen Rückschritt, eine Leugnung des geistigen Erbes dar.

Ein paar Wochen später wiederholte sich die Szene in der Ukraine, in der die Kirchen über lange Zeit ein trauriges Bild der Spaltung zeigten. Denn nicht nur die papsttreuen Kirchen, die lateinische und die byzantinische, standen sich oft feindlich gegenüber, auch die orthodoxe ist in eine nach Moskau orientierte und eine auf Selbstständigkeit von Russland pochende gespalten. Zudem hatte sich der orthodoxe Patriarch von Moskau, Alexij II., gegen den Besuch des Papstes ausgesprochen und ihn als Einmischung in seinen »Machtbereich« bezeichnet.

Der Mann auf dem Stuhl Petri ließ sich davon nicht abschrecken und die Früchte gaben ihm Recht. Zweimal rief er die Lateiner und Byzantiner zur Versöhnung auf und zweimal antwortete ihm stürmischer Applaus. »Möge die Reinigung der historischen Erinnerungen jeden dazu anleiten, dafür zu arbeiten, dass das Einigende über das Trennende triumphiert, damit eine Zukunft des gegenseitigen Respekts, der brüderlichen Zusammenarbeit und wahren Solidarität aufgebaut werden kann«, sagte der Papst aus Rom. Er bat die Orthodoxen um Vergebung und bot seinerseits Vergebung an, deshalb konnte er seinen Blick in die Zukunft richten, in eine menschlichere Zukunft.

In Moskau hat man die ausgestreckte Hand nicht ergriffen, aber bei einer Umfrage zeigte sich, dass mit dem Patriarchen nur fünf Prozent der russischen Bevölkerung übereinstimmten. Fünfzig Prozent standen dagegen einem Besuch aus Rom offen gegenüber, so berichtete die Zeitung »Vremia«.

Und das staatliche ukrainische Fernsehen bezeichnete die Haltung der russisch-orthodoxen Kirche als »Schande«. Der Papst hatte jedenfalls die Augen der Weltöffentlichkeit für einige Tage auf das vergessene Land am Dnjepr gelenkt.

In Athen hat der Papst gezeigt, dass man eine 800 Jahre zurückliegende Schuld noch bereinigen kann, wenn man sie ausspricht und ein Schuldbekenntnis nicht scheut. Seelische Verwundungen, Traumatisierung, können über Jahrhunderte andauern, nicht nur über Jahrzehnte. Deshalb liegen jene falsch, die im Verdrängen und im Vergessen, im Begraben »alter Sachen« eine Lösung suchen, mit dem altbekannten Slogan »man soll doch endlich damit aufhören«. Solange Wunden bluten und Narben sichtbar bleiben, kann man nicht aufhören, andernfalls muss man damit rechnen, die ersehnte Ruhe nie zu finden.

Die jüngere Historikergeneration, die sich 1998 auf dem Historikertag zu Worte gemeldet hat, ist keinem Modetrend gefolgt. Ihr scheint bewusst, dass souveräne Forschung, ungetrübte Zukunftsorientierung nur dann möglich sind, wenn die Voraussetzungen bereinigt sind. Auf Selbsttäuschung und Verdrängung lässt sich kein Haus errichten, das Bestand haben soll. Sie wurde von der geheimnisvollen Frau in Marpingen bestätigt oder sie hat – wenn man es natürlich deutet – von drei Frauen der Bridget-Jones-Generation in Deutschland Flankendeckung erhalten, als diese 1999 die Menschen in Zentraleuropa ungeschminkt und einprägsam mehrfach – vor Tausenden von Menschen und vor Vertretern der Medien – zu sauberer Vergangenheitsbewältigung, sprich zur Buße, aufriefen.

DAS SCHULDBEKENNTNIS VON LIVERPOOL

Da in Marpingen durchgehend dazu aufgerufen wurde, sich vergangener Schuld zu stellen – nichts anderes verbirgt sich hinter der Bitte, Buße zu tun –, ist es wichtig, sich vor Augen zu halten, dass es sich hier nicht um ein rein deutsches Problem handelt. Zwar ist der Adressat der Aufrufe aus dem Saarland die deutsche Nation, mehr noch, es wird nachhaltig betont, dass sie sich an jeden einzelnen persönlich wendet.

Sie richtet sich zunächst an jene, die sich bereits aufgeschlossen zeigen für eine Sprache, die vom Stil der politischen Welt abweicht und die zum Überdenken der eigenen Geisteshaltung gewillt sind. Das Aufbrechen von erstarrten Denkmustern, die auf das Böse hin orientieren, ist eine Herausforderung für jeden Menschen.

Im Dezember 1999 hat sich in England etwas zugetragen, was die Aufrufe im Saarland zum Umdenken kurz zuvor so absurd gar nicht erscheinen lässt. Die englische Stadt Liverpool und der westafrikanische Staat Benin haben zum Ausklang des Jahrtausends ein beeindruckendes Zeichen für die Aufarbeitung großer geschichtlicher Schuld geliefert. Liverpool war über Jahrhunderte Hauptumschlagplatz für den Sklavenhandel, Benin Hauptlieferant verschleppter Menschen. Dealer und Lieferanten waren farbige Händler und Stammesfürsten. Der damalige Präsident von Benin, Mathieu Kerekou, hatte zu einer Versöhnungskonferenz geladen, um die historische Schuld der Sklaverei von allen Seiten zu beleuchten. Während der Konferenz wurde dem Präsidenten eine Skulptur des aus Liverpool stammenden Bildhauers Stephen Broadbent übergeben. Sie zeigt zwei Menschen, die sich im Geiste der Versöhnung umarmen.

In einem Brief an die Konferenz bekannten sich der Bürgermeister von Liverpool Joe Devaney und der Präsident des Stadtparlamentes, Mike Storey, nicht nur zu den historischen Verwicklungen ihrer Stadt, sondern entschuldigten sich zum ersten Mal für diese öffentlich im Namen der Stadt. Man schäme sich der Rolle, die Liverpool beim Sklavenhandel mit Afrikanern gespielt habe. Mehrere amerikanische Delegierte zeigten sich von diesem Schreiben tief bewegt und gaben ihrer Hoffnung Ausdruck, es möge einigen amerikanischen Städten als Anstoß dienen, ähnlich zu handeln.

Schätzungsweise hatten in der Zeit des Sklavenhandels britische Schiffe 12.000-mal den Atlantik mit Sklaven überquert. Die Zahl der so verschleppten Menschen wird auf 2,6 Millionen geschätzt. Noch ungeheuerlicher wird dieses Vorgehen, wenn man bedenkt, dass zum Beispiel während der Überfahrt Erkrankte kurz vor der Landung in Amerika über Bord geworfen wurden – möglicherweise beim berüchtigten Bermuda-Dreieck –, weil die Abnehmer auf dem amerikanischen Festland sich weigerten, diese Menschen aufzunehmen.

Auf der Konferenz saßen sich Afrikaner, Europäer und Amerikaner gegenüber. Keiner der Anwesenden – hieß es – hätte die Begegnung unbeeindruckt verlassen. Was sich an Ungeheuerlichkeiten in den vergangenen Jahrhunderten in Westafrika ereignet habe, werfe Fragen von hohem Rang auch für heute auf – schrieb der englische Korrespondent David Alton in der Wochenzeitung »The Universe«.

Die Stadt Liverpool hatte einen Adeligen, Lord David Alton, nach Afrika entsandt, um dort im Namen der politischen Gemeinde Liverpool eine Entschuldigung für die Verwicklungen im Sklavenhandel auszusprechen. Nach seiner Rückkehr erklärte dieser: »Wenn wir von der Last der Verstrickungen in den Sklavenhandel befreit werden wollen, ist es wichtig, Wege zu finden, die vorwärts weisen. Es ist nie zu spät, sich zu entschuldigen, aber es ist auch nie zu früh.« Indem man sich der Untaten erinnere, solle man auch jener weißen und schwarzen Männer gedenken, die die Verbrechen als solche erkannten und sich weigerten mitzumachen.

Zu ihnen habe der junge William Wilberforce gehört, der 1792 im Parlament eine Gesetzesinitiative zur Beendigung der Sklaverei einbrachte. 1807 war das Parlament endlich bereit, die Sklaverei als illegal zu erklären. Aber ihre endgültige Aufhebung erfolgte erst 1831. Die Nachricht wurde Wilberforce auf dem Sterbebett überbracht. Seine erbitterten Gegner waren die Kapitäne, die an der Sklavenfracht verdienten. Einer von ihnen, Hugh Crow aus Liverpool, hat darin traurige Berühmtheit erreicht.

Für die kurze Zeit von nur drei Monaten war 1807 William Roscoe, ein Geistlicher, im Parlament. Er unterstützte dort Wilberforce. Als er nach Liverpool zurückkehrte, wurde er vom Straßenmob aus seiner Kutsche gezerrt. Das hinderte ihn nicht daran, bis an sein Lebensende für die Beendigung des Menschenhandels zu kämpfen.

Diese beiden Männer – daran erinnerte Lord David Alton in Afrika – standen allein gegen das gesamte gesellschaftliche Klima. Sie würden uns daran erinnern, dass es manchmal genüge, einen Stein ins Rollen zu bringen, um am Ende eine ganze Lawine auszulösen. Es habe wenig Sinn, in Niedergeschlagenheit zu verfallen über Dinge, die wir nicht mehr ändern könnten. Aber Erinnerung müsse mit Reue einhergehen und mit Verzeihen. Wir müssten Reue zeigen, wenn menschliche Würde verletzt wird, Reue, wenn Frauen und Männer diskriminiert würden wegen ihrer Zugehörigkeit zu einer anderen Rasse. Wir müssten Reue zeigen über Gesetze, durch die Rassismus institutionalisiert werde oder die zu Aggressionen führten.

Buße und Reue könnten leicht ins Lächerliche gezogen werden. Viele seien davon überzeugt, dass es sinnlos wäre, nach so vielen Generationen Reue für Verhaltensweisen, die andere verschuldet hätten, zum Ausdruck zu bringen. Aber ohne sie gäbe es keinen Weg nach vorn, keine Möglichkeit zu wachsen.

Von der Erinnerung über die Reue sei der Weg frei für Versöhnung. Ein altes Sprichwort der Indianer behaupte, erst müsse man in eines anderen Mannes und einer anderen Frau Schuhen laufen, um die Dinge so zu sehen, wie diese sie empfinden. In Nordirland hätte das Fehlen von Bedauern und mangelnder Wille, die Verunsicherung »der anderen Seite zu sehen«, dazu geführt, den Friedensprozess hinauszuzögern. Das mache Versöhnung schwer. Aber wenn man sich um Bereitschaft zur Vergebung bemühe oder diese Vergebung einem zuteil werde, dann würden sich unglaubliche Heilungschancen ergeben, man würde von seiner Lähmung befreit. Ohne Versöhnung werde es kein Ende der Leiden geben. Unser Problem sei es, eine Zivilisation der Schuld geschaffen zu haben.

Geschockt hat der Präsident von Benin, Mathieu Kerekou, die Teilnehmer der historischen Konferenz im Jahre 1999 mit dem Bekenntnis, dass auch unter seinen Vorfahren Menschen gewesen seien, die Landsleute gefangen und an die Sklavenhändler verkauft hätten.

Farbige amerikanische Delegierte verloren fast die Fassung, als sie mit der eigenen Geschichte konfrontiert wurden. »Wie konnte es sein, dass Schwarze ihre eigenen Brüder und Schwestern der Sklaverei ausgeliefert haben?« Schätzungsweise sind im Laufe der Jahrhunderte etwa zwölf Millionen Menschen aus Westafrika als Sklaven an Portugiesen, Franzosen und Engländer verkauft worden. Die Verschleppung ging über den Hafen Quidah, nahe der heutigen Stadt Cotonou. Ein ergreifendes Denkmal erinnert an diese Tragödien. Kranke, Behinderte oder ältere Menschen wurden dort ausgesondert, umgebracht und in Massengräbern beigesetzt. Manche wurden lebendig begraben. In Zoungbodji erinnert ein Mahnmal an diesen Holocaust.

Benin hat heute etwa sechs Millionen Einwohner. 55 Prozent bekennen sich zu den Naturreligionen, Voodoo genannt. Sie gelten als offizielle Religion. 22 Prozent sind römisch-katholischen Glaubens, 17 Prozent sind Moslems und vier Prozent evangelische Christen. Die Initiative von Liverpool und Benin zeigt – zeitgleich mit den Vorgängen, Aufrufen und Botschaften von Mar-

pingen im deutschen Saarland –, dass gründliche Aufarbeitung historischer Schuld nicht mit einseitigen
Schuldzuweisungen beginnen kann, sondern die Ge-
samtentwicklung im Auge haben muss. Böse Mächte
fanden stets Menschen, die bereit waren, ihnen zuzu-
arbeiten.

Die Versöhnungsinitiative von 1999 zeigt auch, dass
nicht nur nach Jahrzehnten, sondern sogar nach Jahrhunderten das Bedürfnis besteht, sich mit der Schuld
der eigenen Vorfahren auseinanderzusetzen, wenn das
von diesen hinterlassene geistige Erbe wirklich über-
wunden werden soll. Das Gegenteil von Versöhnung sei
Rache, stellte der britische Adelige fest. Das heiße nach
dem Motto vorgehen: »Auge um Auge, Zahn um Zahn«.
Wenn dies lange genug praktiziert würde, könnte eines
Tages die ganze Welt blind sein. Versöhnung werde
wertlos, wenn sie nicht von persönlichen, politischen,
zivilen und institutionellen Reformen unterstützt wird.
Wenn wir uns selbst verändern, könnten wir die Welt
verändern.

›SICH SELBST VERÄNDERN‹

Das ist es und genau darum geht es auch in Marpingen. Es wird nicht in einer politischen Sprache ver-

mittelt und nicht vor dem Hintergrund aufgelisteter handfester menschlicher Verbrechen aus vergangener Zeit, sondern archetypisch, die Dinge an der Wurzel benannt: sich selbst verändern.

Am 21. August (dem zehnten Erscheinungstag) hieß es in Marpingen: *»Ihr müsst euren Stolz überwinden lernen. Der Stolz ist ein Mittel des Widersachers. Ihr müsst lernen, euren Stolz zu überwinden, ihn nicht in euer Herz zu lassen, Ihr müsst mit Liebe euer Herz bestücken. Stolz hat darin keinen Platz. Denkt an die Worte, die mein göttlicher Sohn am Kreuz sprach ... Ihr werdet den Stolz nie ganz aus euren Herzen reißen können, denn er ist eigentlich ein Stück von euch. Ihr müsst euch nur jeden Augenblick bemühen, ihm keine Chance zu geben. Der Stolz ist der Ursprung einer jeden Sünde. In jeder Sünde findet ihr, wenn ihr sie betrachtet, den Stolz. Ihr dürft dem Stolz nicht nachgeben, gebt ihm keinen Raum in euren Herzen ... Gott hat dieses euer Herz geschaffen für die Liebe. Zum einen für die Liebe, die er in euer Herz schenkt, und zum anderen, dass ihr diese Liebe, die ihr von Gott erhaltet, an euren Nächsten weitergebt.«*

»Stolz« im negativen Sinne ist kein zeitgemäßes Wort. Im Sinne des heutigen Sprachgefühls müsste man von Hochmut oder von Selbstüberschätzung, von weltfremder Selbstsicherheit sprechen, im Sinne von Lord David Alton von der mangelnden Bereitschaft, sich selbst zu verändern.

Stolz erwartet, dass sich die andern verändern, sich meinen Vorstellungen anpassen. Bedrückend wirken die Worte am Ende des 21. August 1999: »*Deutschland wird sich sehr spät bekehren* (verändern). *Euch erwartet viel Leid, aber ihr werdet es ertragen können.*« Entwicklung und Reaktion gegen Ende des 20. Jahrhunderts und noch mehr in den ersten Jahren des 21. Jahrhunderts haben gezeigt, dass der deutsche Mensch bei vielen guten Eigenschaften, die er aufzuweisen hat, z.B. Opferbereitschaft, Leidensfähigkeit, Zuverlässigkeit, unter einem Wesenszug leidet, der im Ausland durchaus gesehen wird und dem man gelegentlich in Karikaturen Ausdruck verleiht: Er ist schwerfällig. Dies bedeutet bei der Schnelligkeit, in der Veränderungen sich inzwischen vollziehen, möglicherweise eine nicht zu unterschätzende Gefahr.

KAPITEL V

11. September 2001

Im Laufe des Jahres 2001 hielten mich anderweitige Verpflichtungen davon ab, die Auslotung der Ereignisse von Marpingen fortzusetzen. Fast hätte ich es ganz aufgegeben, konfrontiert mit der Frage, ob es der Mühe wert sei, Zeit und Energie für eine Sache zu opfern, die möglicherweise bald in Vergessenheit geraten würde. Da trat im Spätsommer etwas ein, was eine Meinungsänderung in mir auslöste.

Anfang September erhielt ich von der »German-American Cultural Association« in Fulda eine Einladung zu einem Vortrag des US-Heeresministers Thomas E. White unter dem Titel »American's Army in Europe«. Die Veranstaltung fand im Hotel »Maritim« in Fulda statt. Eine durchaus interessante Einladung.

Der Minister war von 1986 bis 1988 Kommandeur des 11. US-Panzeraufklärungsregimentes in Fulda, das dort bis 1994 stationiert war. In den Jahren zuvor hatte Thomas White in Vietnam gedient. Weitere Stationen seiner steilen Karriere waren die Position als Executive Assistant für General Powell, den späteren Außenminister, und als Director of the »Army chief of staff's Armor/Anti-Armor Special Task Force«. Nach dem Dienst in der Armee übernahm White eine verantwortungsvolle Position als Manager einer der größten Energiekonzerne der Welt. Präsident George Bush hatte ihn im Mai gerade erst zum Heeresminister ernannt und damit zum ranghöchsten Verantwortlichen für die US-Armee. Die Biographie des Referenten war Grund genug, sich die Begegnung nicht entgehen zu lassen.

Anwesend waren Politiker und Kommunalpolitiker verschiedener Ränge. Auf seine Jahre in Fulda an der damaligen Zonengrenze anspielend, als er mit seiner Einheit der Militärmacht des Ostblocks unmittelbar gegenüberstand, sagte White, damals hätte niemand geglaubt, dass wir noch das Ende des Eisernen Vorhanges erleben werden. Heute würden amerikanische Einheiten Manöver in Polen abhalten, ein unglaublicher Wandel, der sich da vollzogen habe.

Nach dem Vortrag knüpfte ich an diese Erinnerung des Ministers an, die für mich einen merkwürdigen Beigeschmack hatte. In jenen Jahren, am 13. Februar 1985, vertrat ich einen ganz anderen, in der politischen und in der Medienlandschaft vollkommen isolierten Standpunkt. In einem Leitartikel der »Esslinger Zeitung« unter dem Titel »Verirrte Phantasien« deutete ich damals – im Gegensatz zur vorherrschenden Meinung der politischen Klasse – den bevorstehenden Untergang des Sowjetimperiums an. Der Kommentar endete mit den Worten: »Der rote Stern auf dem Kreml ist ein erlöschender Stern.« Begründet habe ich es mit dem rasanten westlichen Fortschritt in der Computertechnik und mit dem verhängnisvollen Rückstand Moskaus in der Grundlagenforschung (Kybernetik) gerade auf diesem Gebiet – und zwar aus ideologischen Gründen, die Jahrzehnte zurücklagen. Den Kommentar hat damals niemand ernst genommen. Nicht einmal die eigene Redaktion. Man hielt ihn für utopisch. Ein Jahr später, 1986, sind Weltpolitologen auf einem Treffen in Davos in der Schweiz von der Existenz zweier verschiedener Blöcke bis weit in das 21. Jahrhundert ausgegangen. Das musste den einsamen Kommentar eines politischen Publizisten in der »Esslinger Zeitung« noch weltfremder erscheinen lassen.

BEDRÜCKENDE VORAHNUNG

Von dieser seinerzeit belächelten Vorahnung ausgehend, bat ich Minister White, den Vertreter der US-Administration, um Verständnis für eine Sorge, die mir auf den Lippen brannte.

Mich bedrücke – sagte ich am 7. September 2001 – die Vorahnung, es würden von der Seite her plötzliche, unerwartete gewalttätige Entwicklungen aufbrechen, die, gestützt auf Nano(Mikro)-Technik und getragen von Schurkenstaaten und fanatisierten Gruppen, die ganze menschliche Zivilisation in Gefahr bringen könnten. Sinnigerweise nannte ich als Beispiel sogar das Taliban-Regime in Afghanistan, das mit der Sprengung beeindruckender Buddha-Reliefs aus dem ersten Jahrtausend gezeigt hatte, dass bestimmte Staaten und

Gruppen auch vor der Vernichtung der ganzen menschlichen Kultur nicht zurückschrecken würden. Die einzige Macht in der Welt, betonte ich gegenüber Thomas White, die sich dem entgegenstellen könnte, wäre Amerika. Die zusammenfassende Frage an den Minister lautete: »Ist sich die neue amerikanische Administration dieser Gefahren bewusst und der großen Verantwortung, die sie für die ganze Menschheit trägt?« Am Podiumstisch saß übrigens der prominente Rechtsanwalt Rudolf Karras. Die Antwort des Ministers lautete wörtlich: »Wir stimmen Ihnen zu. Wir haben diese so genannten asymmetrischen Entwicklungen im Auge und versuchen uns darauf vorzubereiten.«

Nach dem Vortrag ging ich auf den Minister zu und überreichte ihm mein Buch: »Weine über Deutschland, mein Kind«. Er schien offensichtlich angetan. Und er dürfte sich kurz danach an die gestellte Frage eines deutschen Publizisten erinnert haben. Denn offensichtlich war man nicht ausreichend auf neue Zerstörungspotentiale vorbereitet, weil das, was dann eintrat, jedes Vorstellungsvermögen übersteigen sollte.

Es geschah am 11. September, vier Tage nachdem Minister Thomas White im Herzen Deutschlands mit der klaren Vorstellung neuartiger Gefahren konfrontiert worden war. Mit voller Wucht kam von der Seite her und aus genau jener Ecke, die gegenüber dem Vertreter der amerikanischen Regierung von mir sogar namentlich benannt worden war, ein fürchterlicher Schlag gegen das Herz der westlichen Wirtschaftswelt, gegen das World Trade Center. Zwei Flugzeuge rasten innerhalb von 18 Minuten gegen die berühmten Zwillingstürme, auf die die Stadt New York – und nicht nur diese Stadt – so stolz gewesen war. Um 8.42 Uhr Ortszeit flog ein Flugzeug gegen einen der beiden Türme. Im ersten Augenblick hielt man den Absturz für einen Unfall, bis dann Minuten später eine zweite Maschine in den Zwillingsturm einschlug. Zur gleichen Zeit stürzte eine dritte Maschine in das Pentagon, das Verteidigungsministerium der USA in Washington.

DIE WELT INS MARK GETROFFEN

Der Anschlag traf nicht nur die Stadt, nicht nur die Vereinigten Staaten, sondern die ganze Welt ins Mark. Zufällig saßen meine Frau und ich im Hause einer befreundeten türkischen Familie, als die erste Horrormeldung über den Bildschirm lief. Es war wie ein Katastrophenfilm, eine Hollywood-Inszenierung. Man kann sich vorstellen, wie furchtbar es ist, plötzlich eigene Vorahnungen, die erst vor wenigen Tagen ausgesprochen worden waren, real vor sich zu sehen.

Täglich wurde das WTC von 80.000 Menschen besucht, in wenigen Stunden waren es nur noch Asche und Rauch, was übrig blieb. Wir sahen Menschen sich aus dem Fenster stürzen – in den Tod hinein. Und sehr schnell war klar, woher der Angriff kam. Von einem Schurkenregime und von fanatisierten Gruppen, die sich lange darauf vorbereitet hatten. Osama Bin Laden, Sohn reicher Eltern aus Saudi-Arabien, wurde bald als Drahtzieher genannt.

Ich wäre nicht Journalist aus Fleisch und Blut gewesen, hatte für diesen Beruf große persönliche Opfer gebracht, wenn ich nicht dafür gesorgt hätte, darauf aufmerksam zu machen, dass dieses Ereignis nicht aus heiterem Himmel kam, sondern dass es vorauszuahnen war – und zwar ganz konkret. So etwas nennt man übrigens im Journalismus eine »Sternstunde«. Es war eine traurige Sternstunde. Sie wäre in diesem Zusammenhang – gerade in Deutschland – einer Meldung wert gewesen. Mehrere Presseagenturen wurden darauf aufmerksam gemacht, große Zeitungen, Fernsehstationen. Aber nur eine einzige, nämlich der MDR, hielt sie der Erwähnung wert und teilte es mir mit. Andere übergingen sie mit Schweigen, jedenfalls waren keine Rückmeldungen zu verzeichnen.

Bemüht wurde dagegen, wie schon so oft in solchen Fällen, Nostradamus, der von 1503 bis 1566 gelebt hat und auf den man immer wieder zurückgreift, wenn man einem Ereignis ein wenig journalistische Würze beimischen möchte, als ob die Tatsachen an sich nicht aufregend genug wären. Auch andere selbsternannte Propheten fanden Raum in der Druckpresse und auf den elektronischen Kanälen. Rational begründete Voraussagen dagegen finden in den angeblich so kritischen, von der Vernunft beherrschten Medien nicht so leicht Eingang.

Diese mangelnde Sensibilität der Medien für Umstände und Vorgänge, die außerhalb der Norm liegen, musste sehr nachdenklich stimmen. Sie war der Grund dafür, mich gerade Marpingen noch einmal zuzuwenden. Wer so empfindlich am eigenen Leibe den Mangel an Verständnis für Befürchtungen und Vorahnungen zu spüren bekommt, hat größeres Verständnis für die Ängste und Vorahnungen anderer Menschen, z.B. der Frauen von Marpingen. Ob es sich im Saarland um einen »Aufschrei des Himmels« oder um einen Aufschrei der deutschen Frauenseele handelt, ist zunächst einmal belanglos. Es geht in erster Linie um das Anliegen, um die Vorahnung, um die Botschaft. Und die erscheint auf einmal in einem sehr ernsten Licht.

ZERFALL DER MENSCHLICHEN KULTUR

Am 5. September 1999 hatten sich die drei Frauen wieder in Marpingen eingefunden. Zum Auftakt ihrer Vision sahen sie – wie schon vorher – eine Taube mit Strahlen und Blütenblättern. Die Taube gilt im Christentum als Symbolgestalt für den Geist. Dieser bildhafte Einstieg ist bezeichnend gerade für diesen Tag, an dem es um den Zerfall der menschlichen Kultur gehen sollte. Aus dem Munde der angeblichen Frauengestalt hören sie u.a. folgende Worte – Marion befand sich dabei in ekstatischem Zustand – : »*Ich bin von meinem Sohn an diesen Ort geschickt worden, als letzte Mahnung für Deutschland. Bekehrt euch, meine Kinder*«, – mit anderen Worten: Denkt um! – »*... Ihr müsst beten, Buße tun, und ihr müsst mit mir zusammen Deutschland für den Himmel*« – für die Dimension einer anderen Welt – »*zurückgewinnen.*«

In einer nicht religiösen, säkularen Sprache müsste es heißen: Ihr müsst euch vom Ultra-Konsum abwenden, von der rein materialistischen Gestaltung eures Lebens und eurer Lebensperspektiven. Und dann kommen sehr harte Worte: »*Die Sündenflut, die allein* (nicht nur) *von Deutschland zum Himmel steigt, würde schon die Gerechtigkeit Gottes herabfordern.*«

Um welche Sündenflut könnte es hier gehen? Das ist nicht leicht herauszufinden. Sünde ist – wie schon erläutert – eine massive Störung der natürlichen Ordnung. Ein Rest dieser Sprache hat sich in dem Wort »Umweltsünden« erhalten. Bei diesen lässt sich ansetzen. Schreien die Umweltsünden tatsächlich nicht zum Himmel? Darüber muss nicht lange diskutiert werden. Die Verunreinigung der Luft, des Wassers, des Bodens, die Vergiftung der Nahrungsmittelkette für Mensch und Tier, die »sündhafte« Überernährung von Kindern, die man dazu verurteilt, ein ganzes Leben lang unter

Übergewicht zu leiden, die Verseuchung der Phantasie schon im Kindesalter durch aggressive Zeichentrickfilme, durch Gruselstreifen, die Jugendlichen nicht nur zugänglich sind, die ihnen sogar aufgedrängt werden, ebenso der übermäßige Konsum von Alkohol und anderen Genussmitteln, der in Deutschland 1,5 Millionen Menschen zu Frühinvaliden macht, der Drogenkonsum, die abgesegneten Sexorgien.

Die allergrößte Sünde jedoch besteht in der Zusammenfassung der eben genannten Fehlhaltungen. Sie kommt der Zerstörung der Lebensbasis für kommende Generationen gleich.

Sie ist eine massive, eine im wahrsten Sinne des Wortes »himmelschreiende« Sünde gegen das Leben überhaupt. Wer Sünde auf nur ein Problem einengt, etwa auf die Abtreibung u.ä., betrügt sich selbst und er betrügt vor allem den Schöpfer.

VERZICHT AUF ERZIEHUNG

Zu diesen greifbaren Sünden kommen die weniger sichtbaren: die Zerstörung geistiger Werte. Hier könnte man die ganze Wertskala nennen, die in wenigen Jahrzehnten aufgegeben wurde, an erster Stelle der Verzicht auf Erziehung gegenüber der heranwachsenden

Generation. Es ist ein Naturgesetz ersten Ranges, und es gilt bereits bei Tieren, dass eine Generation die bei der Bewältigung des Daseins gesammelten Erfahrungen weitergibt – durch Erziehung. In der Tierwelt geschieht das manchmal in liebevoller, aber auch in drakonischer Weise.

Gegen Ende der langen Botschaft am 5. September 1999 heißt es mit Nachdruck: »*Diese Worte gelten nicht nur für meine Kinder in Deutschland. Sie gelten für die Kinder* (Menschen) *in der ganzen Welt. Bevor in der Welt Friede herrscht, muss zuerst der Friede in die einzelnen Länder einziehen, und dieser Friede zieht ein mit dem Triumph meines unbefleckten Herzens*« – das heißt mit meiner Geisteshaltung, die auf absolute Partnerschaft mit dem Schöpfer ausgerichtet ist.

»*Ihr seid von Gott geschaffen für den Himmel* (für eine ewige Dimension), *und ich erwarte von euch, dass ihr mir helft, Deutschland für den Himmel* (für jene Welt, die bei euch hartnäckig geleugnet wird) *zurückzugewinnen.*«

Deutschland nimmt gerade vor diesem Hintergrund eine Schlüsselrolle für die gesamtmenschliche Zivilisation ein. Und es war sicherlich kein Zufall, dass die Hauptakteure und Rädelsführer des Anschlages von New York sich über Jahre in Deutschland auf ihre tödliche Mission vorbereitet haben. Das muss seine Gründe haben. Offensichtlich ist hier das Gespür für die neuen tödlichen Gefahren, die das Leben auf unserem Planeten bedrohen, weitgehend verloren gegangen. Es ist verdienstlich und lobenswert, sich für Robben und

Vögel einzusetzen, wird aber der Instinkt vernachlässigt, der die ganze Menschheit bedroht, und zwar im Kern, dann ist diese Fürsorge nur ein Ablenkungsmanöver, das die eigentliche Auseinandersetzung um die Zukunft des Menschen scheut.

Der Bogen, der sich vom 5. September 1999 in Marpingen zum 11. September 2001 in New York und Washington spannt, ist so schwer zu erkennen nicht.

5. SEPTEMBER 1999

Der 5. September, es war der elfte Erscheinungstag, stellt sich rückwirkend als ein hochpolitisch hochakzentuierter Tag dar. Wenn es sich in Marpingen um ein reines Naturphänomen handeln sollte, dann ist es jedenfalls die schwerwiegendste Anklage, die deutsche Frauen je gegen ihre eigene Nation – und gegenüber der modernen Welt – erhoben haben. Dass sie sich dabei wissentlich oder unwissentlich auf die Autorität der »Madonna« berufen, um ihrem Anliegen in der Öffentlichkeit Nachdruck zu verleihen, würde das ganze Ereignis nur noch dramatischer erscheinen lassen.

»Ihr könnt nicht verstehen«, kam es aus dem Munde der Madonna, *»und ich glaube auch, dass ihr es nicht erahnen könnt, wie groß mein Schmerz ist«* (man kann auch

»unser Schmerz« unterstellen, wenn man es als rein seelischen Vorgang von drei Frauen interpretiert), *»sehen zu müssen, wie der Teufel* – mit anderen Worten: der Verneiner, der Geist der Zerstörung – (inzwischen) *in Deutschland sein Spiel gewinnt, weil ihr Menschen auf ihn hört. Ihr dürft euch nicht ihm überlassen!«*

Gemeint ist hier die Verabschiedung des Wertesystems der abendländischen Zivilisation. Hans Schotte lässt in seinem Film »Schaut her in mein Herz« die Kamera am Anfang aus der Froschperspektive ausdrucksvoll entlang der Hochhäuser in Frankfurt gleiten, danach über die leeren Bänke eines Gotteshauses.

Symbolischer lässt sich der Wertewandel der westlichen Welt, vor allem aber der deutschen Gesellschaft, kaum darstellen. Bankentürme haben die Kirchtürme abgelöst. Aber während in New York die Zwillingstürme des Trade Centers in Minuten in sich zusammenstürzten, ist bei der daneben stehenden katholischen Kirche nicht einmal eine Fensterscheibe zu Bruch gegangen, obwohl andere benachbarte Hochhäuser schwer in Mitleidenschaft gezogen wurden. Die ansonsten nüchternen Amerikaner haben das durchaus als »Zeichen« gewertet.

Die Formulierung *»für den Himmel zurückgewinnen«*, die in Marpingen mehrmals gefallen ist, heißt: für das Wertesystem der europäischen Tradition zurückgewinnen, das zur Voraussetzung den Glauben an die Existenz der Transzendenz, also einer anderen, einer »ewigen« Welt hat. Im letzten Drittel des 20. Jahrhunderts wurde dieses System auf den Kopf gestellt. Das ist eine Binsenwahrheit. Dafür gibt es einige Beispiele.

GEIST DES OPFERS

Jede Gemeinschaft lebt vom Geist des Opfers. Ohne Opferbereitschaft ihrer einzelnen Mitglieder geht sie früher oder später zugrunde. Im 20. Jahrhundert wurde die Opfergesinnung aufgegeben zugunsten der Selbstverwirklichung auf Kosten anderer. Beobachten lässt es sich an den zerfallenden Bindungen, ob in den Familien, in den Ehen, in der Politik oder in den Religionsgemeinschaften. Neben dem Opfergeist steht das Pflichtbewusstsein. Es musste dem Kampf um immer mehr Rechte des Individuums – auf Kosten der Gemeinschaft – weichen. Eine moderne freiheitliche Gesellschaft lebt vom Gleichgewicht von Rechten und Pflichten. Und eine wachsame Demokratie muss sorgfältig auf Ausgewogenheit zwischen beiden bedacht sein. Das war nicht der Fall. »Pflicht« wird als unangenehmes Fremdwort empfunden. Das mangelnde Pflichtbewusstsein hat zu einer Flut von Wirtschaftsasylanten aus der ganzen Welt nach Deutschland geführt. In vielen Ländern hat sich herumgesprochen, dass es ein Land gibt, in dem man ohne Gegenleistung Banknoten und Güter ausgehändigt bekommt. Auf diese Weise trägt der Missbrauch eines nicht zu Ende gedachten Sozialsystems zur Demoralisierung anderer Völker bei.

Treue und Ehrlichkeit waren die Voraussetzungen in allen Staaten, die es zu großem Wohlstand gebracht haben. Das galt in der Mitte des Jahrhunderts auch noch für Deutschland. Beide Haltungen haben hohen Stellenwert in der Grundhaltung der Menschen.

Korruption, früher in Deutschland ein absolutes Fremdwort, hat sogar in die Klasse der Beamten Eingang gefunden. In der Lebensmittelproduktion hat der Verzicht auf diese Tugenden verheerende Folgen gehabt, was im Jahre 2001 die Bevölkerung in mehreren Ländern in Europa durch die BSE-Krise bitter zu spüren bekam.

Die mangelnde Treue zu Ehepartnern und zu den eigenen Kindern hat Europa ein Meer von Scheidungswaisen beschert. Die Auswirkungen auf die nächste und weitere Generationen der Betroffenen wird inzwischen kaum mehr bestritten.

›IHR MÜSST ENDLICH AUFWACHEN‹

Das alles hat dazu geführt, dass Deutschland am Anfang eines neuen Jahrtausends zu einem merkwürdigen

Rekordhalter wurde. Im 19. und 20. Jahrhundert führende Wirtschaftsmacht in Europa, nach dem Zweiten Weltkrieg Wohlstandslokomotive auf diesem Kontinent, ist es bei den Zuwachsraten zum Schlusslicht geworden. Am 4. Dezember 2001 schockierte die Bekanntgabe der Ergebnisse der sogenannten Pisa-Studie, eines Leistungsvergleichs von 15jährigen Schülern unter 30 Ländern, die Bildungspolitiker. Ein Land, das einst Weltruf auf dem Bildungssektor besaß, war, was seine jüngste Generation betraf, an das Ende geraten.

In dieses Bild passt die Statistik bei den Geburtsraten. Das deutsche Volk beeindruckt durch den niedrigsten Zuwachs in Europa.

Vor diesem Hintergrund stimmt ein harter Satz, der u. a. an diesem Tag gefallen ist, durchaus nachdenklich: »*Ich bin gekommen, um euch wiederum aufzufordern, mir zu helfen, dass dieses Töten in eurem Land aufhört.*« Immerhin sind es junge Frauen, die diese Botschaft an ihr Volk richten – oder vermitteln. Und gleich danach folgt ein warnender Hinweis auf die Gefahren durch die Gentechnik: »*Ihr dürft nicht in den Schöpferakt Gottes eingreifen!*« »*Ihr müsst endlich alle aufwachen!*« hieß es am 5. September in Marpingen. Eine Nation sollte aufgerüttelt werden.

»*Es gibt kein Zögern mehr. Es gibt kein Aufschieben, kein Warten mehr. Ihr müsst endlich ernst machen in eurem eigenen Leben. Und so mit mir gemeinsam Deutschland retten. Aus diesem Grund flehe ich heute zu euch. Es ist kein Bitten mehr. Es ist ein Flehen.*« Unverkennbar geht es um die Wiederbelebung einer Funktion, die in der Psychologie in den letzten Jahren begraben wurde, um die Aktivierung des Gewissens. Nicht mehr vor dem eigenen Gewissen hat der Mensch sich zu verantworten, zur Verantwortung müssen andere gezogen werden, undurchschaubare Mächte. Probleme wurden anderen zugeschoben, der »Gesellschaft«, die es im Grunde gar nicht gibt, denn sie besteht aus einzelnen Individuen, dann Systemen – politischen oder wirtschaftlichen. Auch die Familie wurde angeklagt – eigentlich diffamiert. Verantwortlich waren jedenfalls immer nur die anderen, nicht das eigene Ich. Das Gewissen gibt es angeblich nicht. Was man als solches bezeichnet hat, das waren – so die pseudowissenschaftliche Deutung – »Zwangsjacken« von außen. Marpingen ist in seiner Gesamtheit ein Appell an das aufgewertete Gewissen des einzelnen.

DREI MÄNNER VOM FLUG 93

Im »Weltspiegel« der ARD am Sonntag, dem 20. Januar 2002, wurde bestätigt, dass laut einer Umfrage ein Drittel aller Amerikaner nicht zu ihrem Lebensstil von vor dem 11. September 2001 zurückkehren möchte. Wenn man nicht zu ihm zurückkehren möchte und die

Aufrufe des eigenen Präsidenten G. Bush, sich der früheren Normalität zuzuwenden, nicht akzeptiert, muss der Lebensrhythmus, der der Tragödie von New York und Washington vorausgegangen ist, als negativ empfunden werden. Ein Volk, das zu so schneller Selbstkritik fähig ist, wenn es auch nur ein Teil ist, auf den das zutrifft, verdient Hochachtung.

Wie schnell ein tragischer, einschneidender Vorfall vergessene Werte aufleben lassen kann, hat das Beispiel in der vierten entführten Maschine von Flug 93 gezeigt. Während drei der gekaperten Maschinen ihre verbrecherische Mission ausführen konnten, stürzte eine vierte in ein Kornfeld, ohne andere Menschen in den Tod zu ziehen. An Bord müssen sich dramatische Szenen abgespielt haben. Aus den letzten Handy-Anrufen geht hervor, dass Passagiere, die per Mobilfunk von Angehörigen über die Attentate erfahren hatten, beschlossen, die gemeine Absicht der Terroristen zu vereiteln.

»Eine Gruppe von uns wird etwas unternehmen«, rief Thomas Burnett seiner daheim entsetzten Frau Deena zu. Ein zweiter, Jeremy Glick, gab eine ähnliche Nachricht an seine Familie durch, ein dritter, Mark Bingham, konnte sich noch von seiner Mutter verabschieden.

Diese drei Männer wurden in wenigen Sekunden zu Helden, die Geschichte machen werden. Für immer. Sie wussten, dass sie nichts mehr zu verlieren hatten, aber sie wollten anderen das Leben retten, ein letzter Dienst, den sie vielen Unbekannten erwiesen haben, die ihnen ihr Leben verdanken, wahrscheinlich ohne es zu wissen. Denn dort, wo die Maschine im Sinne der Terroristen abgestürzt wäre, hätte sie wie die anderen drei Tod und Verderben gebracht.

Über mehrere Jahrzehnte hatte es in aller Welt unzählige verbrecherische Flugzeugentführungen gegeben. Fast nie – soweit bekannt – haben sich Passagiere gewehrt. Drei junge Männer in der Maschine des Fluges United Airlines 93 haben am 11. September 2001 dem Lauf der menschlichen Entwicklung eine Wende gegeben. Sie haben der ganzen Menschheit gezeigt, dass diese vom Opfer lebt.

Wo immer der Mensch darauf verzichtet, das Opfer im wahrsten Sinne des Wortes groß zu schreiben, muss er sich schämen, sich Mensch zu nennen. Auf einem Plakat in Amerika war kurz danach zu lesen: »Ihr habt euch gewehrt – jetzt sind wir dran.« Man könnte es noch schöner, noch zutreffender ausdrücken. »Ihr habt euch geopfert – jetzt sind wir dran.«

In Marpingen hat es geheißen (am 5. September 1999): »*Könnt ihr euch vorstellen, wie groß und tief mein Schmerz war, als ich meinen vielgeliebten Sohn in den Armen hielt: geschunden, angespuckt, verspottet? Könnt ihr euch vorstellen, welch große Qual es war, ihn in meinen Armen zu halten? Diesen unglaublichen Schmerz ... Versucht euch vorzustellen, wie dieser Schmerz sein kann ...*

Mein Sohn leidet heute noch in der Welt, in den Menschen, die euch begegnen, in den Leidenden, in den Kranken. Nehmt euch dieser Menschen besonders liebevoll an, denn ihr dient in diesen Menschen meinem Sohn.« Der Sohn der Madonna, Jesus aus Nazareth, hatte aus sich ein Opfer gemacht, das zum Fundament einer neuen – der europäischen Zivilisation wurde. Daran wurde in Marpingen erinnert.

Die jungen Männer vom Flug 93 haben in diesem Sinne gehandelt, im Geiste einer Zivilisation, die fast zweitausend Jahre vom Opfer gelebt hat. Sie haben sich selbst geopfert, damit andere leben können.

In Marpingen geht es darum, die Zivilisation zu retten, über die Wiederbelebung des Wertekataloges, der das ermöglicht. In diesen Gedanken schließen sich Worte ein, die am Schluss dieses Tages gefallen sind: *»Aber, um meine Botschaft richtig zu verstehen: Ich spreche nicht vom Weltuntergang.«* Es geht um das Gegenteil, um eine Welt, in der zu leben es sich lohnt.

Die rational, von der Vernunft her begründeten Vorahnungen eines Kollegen erreichte das Bewusstsein der angesprochenen Vertreter in den deutschen Medien nicht. Die sich rational gebenden Frauen und Männer – keineswegs alle, aber ein beunruhigend großer Teil – reagieren und denken eher irrational. Wahrsager aus dem Hinterland, selbsternannte dubiose Propheten kommen zu Worte. Deshalb ging auch die Stimme einer Frau unter, bei der man durchaus aufhorchen sollte.

Seit Anfang der 90er Jahre macht weltweit Vassula Ryden von sich reden, die aus Ägypten kommt. Sie ist griechisch-orthodoxer Konfession. In Bangladesch war sie die Gesellschafterin ihres Mannes, der dort beruflich tätig war. Die Mutter von zwei Kindern, Frau der Schickeria, nationale Tennismeisterin, Sheraton-Hotel-Model, erlebt plötzlich einen inneren Wandel.

In »Visionen« sieht sie plötzlich den Zustand der Welt mit anderen Augen, mit den Augen der Transzendenz. Inzwischen hat sie neun Bände veröffentlicht, übersetzt in zwanzig Sprachen. Sie reist um die ganze Welt, füllt große Säle, gelegentlich sogar Stadien. Vassula wirbt in erster Linie für die Einheit der Christen unter dem Primat des Papstes, was für eine orthodoxe Christin geradezu schockierend ist. An zweiter Stelle klagt sie die Fehlentwicklungen der menschlichen Zivilisation an.

Im vierten Band ihrer Serie lässt sie auf Seite 196 der deutschen Ausgabe unter dem Datum des 11. September 1991 den – wie sie behauptet – in einer Vision geschauten Jesus sagen: »*Ich meinerseits schaue mit meinen Augen auf die Welt von heute hinab und prüfe Nation um Nation, taste Seele um Seele ab* (hier wird die persönliche Verantwortung angesprochen) *nach ein klein wenig Wärme, nach etwas Großmut und nach ein bisschen Liebe, doch nur sehr, sehr wenige genießen meine Gunst ... Und die*

Tage entfliehen, und die Stunden sind jetzt gezählt, bis die große Vergeltung kommt. Meine Städte sind zu Hurenstädten geworden! Erbarmungslos! Sie sind zu Zitadellen für Dämonen geworden, von innen vollständig korrupt ... Wie dürfte ich da nicht mein läuterndes, reinigendes Feuer über diese Abtrünnigen ausströmen? Die Erde wird schwanken, zittern und beben ... und alles Böse, das in Türme hineingebaut ist, wird zu einem Haufen Schutt einstürzen und im Staub der Sünde begraben sein! Droben wird der Himmel erzittern, und die Grundfesten der Erde werden wanken.«

Wer wollte bestreiten, dass am 11. September 2001 tatsächlich die Grundfesten der westlichen Welt wankten und blankes Entsetzen sich über viele Völker legte. Am Himmel wurde es innerhalb weniger Stunden still. Der Flugverkehr schrumpfte zusammen.

Und viele ernsthafte Stimmen waren sich darin einig, dass die Welt nach dem 11. September 2001 nie mehr so sein würde, ja sein kann, wie vorher. Wer auf dem Gegenteil beharrt, dem fehlt die Phantasie, sich auszumalen, welch großes Zerstörungspotential sich in neuartigen Technologien von kleinsten Ausmaßen verstecken wird. Die Atombombe in der Aktentasche dürfte dagegen noch ein Großprojekt sein.

Weder bei Vassula Ryden noch bei den Frauen von Marpingen geht es um Unheilprophetien. Gegen Ende der Begegnung am 5. September heißt es: »*Aber, um meine Botschaft richtig zu verstehen: Ich spreche nicht von einem Weltuntergang.*«

Und am nächsten Tag, dem 6. September (zwölfter Erscheinungstag), wird daran angeknüpft. Diesmal kommen die Worte nicht aus dem Munde der Madonna, sondern von ihrem Sohn: »*Habt keine Angst, es wird keinen dritten Weltkrieg geben, keinen Holocaust. Mein Vater, ich und der Heilige Geist haben diese Welt so schön gemacht. Wir wollen sie nicht zerstören. Es sind so viele Botschaften in meinem Namen unterwegs, die nicht von mir stammen. Ich will, dass ihr aus Liebe kommt, denn ich liebe euch. Wovon meine Mutter gestern sprach, das ist mein großes Leid. Mein größtes Leid ist es, wenn ich euch euch selbst überlassen muss, wo ich euch so gerne führen würde. Doch ich lasse jedem die Freiheit, für oder gegen mich zu entscheiden, aus Liebe.*«

Sowohl bei Vassula Ryden wie auch bei Marion, Christine und Judith in Marpingen stimmt nachdenklich, dass es Frauengestalten sind, die laut und vernehmlich ihre Vorbehalte gegen den Zustand unserer Zivilisation anmelden und nach Abhilfe rufen.

Vassula habe ich 1993 in ihrem Wohnsitz in Lausanne persönlich kennen gelernt und länger mit ihr sprechen können. Sie wirkte außerordentlich nüchtern, in keiner Weise exaltiert, ihr Blick ruhig und klar.

Die Zwillingstürme des World Trade Centers verkörperten die Männerwelt unserer Zeit, die Männerwelt repräsentierten Osama Bin Laden und seine unruhigen, emotional heimatlosen Gefolgsleute. In ihren Vorstellungen hatten Frauen nichts zu suchen.

Was sie Frauen in der ganzen Welt zugedacht haben, hat das Taliban-Regime in Afghanistan in den wenigen Jahren gezeigt, in denen es dort an der Macht war: Die totale Entmachtung und Wiederversklavung der Frau, ihre Entwürdigung, die Auslöschung ihrer Identität, was in der lückenlosen Verschleierung zum Ausdruck kommen sollte. Das war ein Anschlag nicht nur gegen die Würde der Frau, sondern gegen die höchsten Werte, die die menschliche Kultur in den letzten Jahrhunderten erreicht hatte.

DER PHILOSOPH UND DIE FRAUEN

Was haben Jürgen Habermas, deutscher Denker von Weltruf, im Oktober 2001 Empfänger des Friedenspreises des Börsenvereins des deutschen Buchhandels, und die drei Frauen aus dem Saarland, Christine Nidercorn, Marion Guttmann und Judith Hiber gemeinsam?

Habermas ist ein Mann, der die Geschichte der Bundesrepublik kritisch begleitet hat, der ungeschminkte Worte nach links wie nach rechts finden konnte, der die Probleme der jeweiligen Zeit in Schlüsselworten zusammenzufassen wusste. Eine selbstgefällige Intelligenzia wird es als geschmacklos empfinden, einen solchen Vergleich zwischen total Ungleichen überhaupt ins Auge zu fassen, einem Mann des Verstandes, des kritischen Abwägens, und jungen Frauen, denen krankhafte Halluzinationen unterstellt werden.

Aber der Schein mag auch hier trügen – wie immer. Und niemand anders als Habermas selber hat es in seiner Rede in der Frankfurter Paulskirche anlässlich der Preisverleihung angesprochen.

Kurz gesagt: der 72jährige plädierte vor über tausend erstaunten Gästen für eine größere Aufmerksamkeit gegenüber religiösen Perspektiven. Auch für eine säkularisierte Gesellschaft sei es ratsam, sich bei allem Abstand zur Religion dieser Sicht nicht zu verschließen. Und dann kam es wie ein Paukenschlag: »Als sich Sünde in Schuld, das Vergehen gegen göttliche Gebote in den Verstoß gegen menschliche Gesetze verwandelte, ging etwas verloren.« Wenn sich die Gesellschaft nicht von wichtigen Quellen der Sinnsuche abkoppeln wolle, müsse sie sich ein Gespür für die Ausdruckskraft der religiösen Sprache bewahren.

Bei den Medien war während des »Sommertheaters« 1999 im Saarland von diesem »Sinn« oder Gespür für die – wie es Habermas nennt – »Artikulationskraft religiöser Sprachen« nichts zu bemerken. Weitmöglichster Abstand, allenfalls Mitleid war das, was man für drei einsame Frauen und ihre »Hintermänner« übrig hatte. Als Journalist, der fast zwanzig Jahre das Pressemilieu von innen erlebt hat, hat es mich nicht überrascht.

Das Milieu war absolut überfordert. Nach ein paar Worten über die vorausgegangene Auseinandersetzung um die Gentechnik meinte Habermas in Anknüpfung an die Ereignisse vom 11. September 2001, an jenem Tage sei die Spannung zwischen säkularer Gesellschaft und Religion auf eine ganz andere Weise explodiert. Die Attentäter seien durch religiöse Überzeugung motiviert gewesen. Auch uns, die wir die Ereignisse nur am Bildschirm verfolgt haben, hätten sich biblische Bilder aufgedrängt.

Der Philosoph machte darauf aufmerksam, dass der Fundamentalismus, von dem dieses Grauen ausging, trotz seiner religiösen Sprache, ein ausschließlich modernes Problem sei. Die eigentliche Ursache sei die »entwurzelte« Modernisierung. Offensichtlich ist darunter zu verstehen, dass Teile der islamischen Welt mit der beschleunigten Entwicklung vor allem der westlichen Zivilisation nicht fertig werden, besonders mit der Loslösung von religiösen Denkmustern, in der diese tief verhaftet waren. Abgekoppelt von diesen religiösen Gefühlsmustern fühlten sich die betroffenen Menschen erniedrigt, und das gilt vor allem für die Männer. Sie können die bescheidenen Ansätze von Säkularisierung nicht verarbeiten. Dazu gehört auch die Aufwertung und die größere Selbstständigkeit der Frau.

Ihre Zuordnung, die qualitativ unter der des Mannes liegt, ihre »Abwertung«, steckt weitaus tiefer im Unterbewusstsein des Mannes, als wir – auch im Westen – wahrhaben wollen. In diesem Zusammenhang warnte Jürgen Habermas davor zu glauben, in Europa sei der Prozess der Säkularisierung abgeschlossen.

NOBELPREISTRÄGER: VERNEINENDES DENKEN

Der Inder V. S. Naipaul, der 2001 kurz zuvor den Nobelpreis für Literatur erhalten hatte, hat in einem Aufsatz in der »Frankfurter Allgemeinen Zeitung« vom 13.10.2001 diese Situation aus einer anderen Sicht bestätigt. Seine Beobachtungen einer nicht verinnerlichten, von außen aufgezwungenen Religion liefern den Schlüssel zum Verständnis für Fehlverhalten und aggressive Verirrungen in allen Kulturkreisen – auch und gerade in Europa.

Bereits kurz nach dem 11. September 2001 wagte Naipaul aber in der »Frankfurter Allgemeinen« eine Charakterisierung des Islam. In vielen Ländern sei dieser – so der frisch gebackene Nobelpreisträger – nicht verarbeitet worden. Jeder Muslim, der nicht aus arabischen Ländern komme, sei im Grunde ein Konvertit. Und viele dieser Konvertiten hätten in den Tiefen ihrer Seele die erzwungene »Bekehrung« zum Islam nicht verinnerlicht. Sie würden deshalb neurotische und nihilistische, verneinende Elemente in ihrem Denken aufweisen.

Wohin es führe, wenn versucht werde, diesen Prozess mit Gewalt nachzuholen, zeige Pakistan. Nach dem Abzug der Briten nach dem Zweiten Weltkrieg aus Indien zerfiel das Land in zwei Staaten, in das moslemisch geprägte Pakistan und in das hinduistische Indien. In Pakistan hätten starke Kräfte sofort die lupenreine Islamisierung betrieben.

Die Rechte der Frauen seien in Gefahr geraten, die Gesetzgebung, unter den Engländern meisterhaft ausgebaut, ausgehöhlt worden, populär sei wieder das öffentliche Auspeitschen. Das Land sollte immer mehr in die Vergangenheit geführt werden, bis ins 7. Jahrhundert zurück.

Das Ergebnis sei, dass das Land sich zu den rückständigsten auf dem asiatischen Subkontinent entwickelt hätte. Während sich Indien, vor allem seine gebildete Schicht, immer mehr der modernen Entwicklung öffne und in manchen Bereichen versuche, Anschluss an die Spitzenpositionen der Welt zu bekommen, falle Pakistan immer mehr zurück. Pakistan und einige andere Staaten demonstrierten, wohin der Weg führe, wenn ein Land, wenn eine Gesellschaft sich der

Säkularisierung verschließe. Die Ausführungen des Philosophen und Soziologen Jürgen Habermas von der tiefen Verwurzelung religiöser Vorstellungen haben übrigens eine Bestätigung in den früheren Staaten des Ostblocks gefunden.

70 Jahre intensivster Propaganda im Geiste eines aufklärerischen Marxismus, bei der Partei und Geheimdienste mit nicht zimperlichen Methoden nachgeholfen haben, konnten nicht verhindern, dass sich eine erstaunlich große Substanz an religiöser Denkart, noch mehr an religiöser Gefühlswelt, erhalten hat.

Der Preisträger in der Paulskirche gab zu, dass man geglaubt habe, in der jetzigen geistigen Situation würde sich die »Globalisierung als gestaltende Macht« erweisen. Zu verstehen ist darunter offenbar eine Art säkularer Religion, als schöpferischer Impuls auf dem Weg zur Einheit einer friedlichen Menschheit. Geblieben sei allerdings nur Hoffnung auf »die List der Vernunft« und ein bisschen Selbstbesinnung.

SÄKULARE SPRACHE GEFRAGT

Eben zu dieser Selbstbesinnung wurde 1999 in Marpingen aufgerufen. Dass diese Sprache von der Öffentlichkeit und den Medien nicht verstanden wurde, kann man diesen nicht verübeln. Im Zuge seines Vortrages gab Habermas eine Empfehlung, die religiös orientierte Menschen und religiöse Gemeinschaften sehr ernst nehmen sollten, vor allem dann, wenn es nicht nur um Religion, sondern um Mystik geht, wie es in Marpingen unter Umständen nicht auszuschließen ist: »Sie (die Gläubigen) sind es, die ihre Überzeugungen in eine säkulare Sprache übersetzen müssen, bevor ihre Argumente Aussicht haben, die Zustimmung von Mehrheiten zu finden.«

In Marpingen heißt es in einer der Mystik nahestehenden Sprache: »*Ihr müsst lernen, dass ich ein liebender Gott bin. Ich bin kein strafender Gott. Ich liebe euch Menschen unendlich. Ich habe so vieles für euch getan. Ich habe für euch gelitten und diesen Weg gewählt, um euch zu zeigen, wie sehr ich euch liebe. Lasst dieses mein Leid und meine Liebe nicht nutzlos sein! Lasst es nicht auf kalte Herzen stoßen! Lasst mich eure Herzen entflammen mit der Liebe, für die ich eure Herzen geschaffen habe!*«

Die Menschheit wird also aufgefordert, um es in einer modernen Sprache auszudrücken, sich der Transzendenz, der Ewigkeit zuzuwenden. Dabei wird ihr ein Gottesbild entgegengehalten, das ihr diese Entscheidung erleichtern soll. Es ist der Abschied von einem strafenden Gott, der, vom Thron seiner Allmacht her, den Menschen nach Art eines Buchhalters bewertet, eine Vorstellung von Gott, die viele denkende Menschen zu Beginn der Neuzeit zur Abkehr von der Religion bewogen hat. »*Ich habe mich mit eurem Leben iden-*

tifiziert«, heißt es in Marpingen, »*habe euer Leiden zu meinem eigenen Leiden gemacht. Ich bin ein liebender und ein mit euch leidender Gott.*«

Und weiter heißt es in der Sprache der Mystik: »*Ich trage euch alle in meinem Herzen, obwohl ihr es so sehr verwundet. Ich liebe euch so sehr, obwohl ihr mich nicht liebt. Ich komme zu euch, weil ihr nicht zu mir kommt. Ich komme zu euch, um euch zu sagen: Folgt mir! ... es ist der Weg zum ewigen Leben! Es ist der Weg der Liebe, den ich für euch bestimmt habe. Ich beuge niemals den Willen eines Menschen. Ich beuge ihn nicht, ich erwarte von euch, dass ihr mit Liebe kommt. Ich stehe vor euch in Liebe. Mein Herz glüht vor Liebe, die Strahlen meiner Liebe durchdringen euer Herz, wenn ihr es öffnet. Macht bitte euer Herz auf, verschließt es nicht vor mir.*«

Auf das Bewusstsein des heutigen Menschen übertragen heißt das: »Jeder Mensch wird um seiner selbst willen geliebt.« In der religiösen Verkündigung hieß es über Jahrhunderte, Gott habe den Menschen zu seiner Verherrlichung ins Leben gerufen, damit er ihn anbete und ewig preise. Das wird nun klargestellt. Der einzelne Mensch wird um seiner selbst willen ins Leben gerufen – aus Liebe – und um das zu unterstreichen, verbeugt sich der Schöpfer in Marpingen sogar vor dem freien Willen des Menschen.

Zur Abrundung heißt es noch einmal mit Nachdruck: »*Ich liebe euch, und ich möchte nicht, dass ihr verloren geht. Wir, der Vater, der Heilige Geist und ich, wir haben euch geschaffen für den Himmel, für das ewige Leben,*

und haben euch die Freiheit geschenkt, selbst zu entscheiden,
was ihr tun wollt, welchen Weg ihr gehen wollt und was euer
ewiges Leben darstellt.«

KEINE VERFÜGBARE MASSE

Um es für das Ohr des heutigen, aufgeklärten Menschen verständlich zu machen, müsste es lauten: »Der Mensch ist keine manipulierbare Masse, er ist nicht verfügbar, er steht für den machtorientierten Mitmenschen nicht zur Disposition, er ist auf Transzendenz ausgerichtet und wurde für diese Transzendenz ins Dasein gerufen. Und diese besteht und lebt durchdrungen von einer Liebeskraft, die alles menschliche Verstehen übersteigt.«

Habermas fordert von den Gläubigen, sich gegenüber den anderen verständlich zu machen. Gleiches müsste natürlich auch für Philosophen und Wissenschaftler gelten. Sein Vortrag ist für den durchschnittlichen Bürger nicht lesbar, nicht einmal für den durchschnittlichen Zeitungsredakteur. Darum ist zu befürchten, dass sein Aufsatz von historischer Dimension von nur wenigen verinnerlicht wurde. Nicht viele Mathematiklehrer in Deutschland sind in der Lage, ihr Wissen gegenüber Schülern »rüberzubringen«. Deshalb bleiben so viele auf der Strecke, nicht weil sie mathematisch unbegabt sind, sondern weil es den Lehrern an der »didaktischen« Fähigkeit mangelt, Wissen verständlich zu vermitteln (nichts anderes ist Didaktik). Der Preis für einen versagenden Mathematiklehrer sind beim Schüler geringere Berufschancen, im schlimmsten Fall eine geringere Lebensqualität. Wenn aber Gläubige versäumen, ihre Botschaft säkular geprägten und denkenden Menschen nahe zu bringen, genau das meint nämlich Jürgen Habermas, einer der großen Intellekte des 20. Jahrhunderts, dann kommen Millionen, vielleicht sogar Hunderte von Millionen um die Chance, den Sinn ihres Daseins zu erfassen. Die Entwicklungslehre (Abstammungslehre) von Charles Darwin (1809–1882) sei zu arm, so wurde in Frankfurt gewarnt, um damit die Zweckmäßigkeit zu erklären, mit anderen Worten, den Sinn des Lebenskampfes.

Darwin sah in den Spielregeln der Auslese, der Verdrängung Schwächerer durch Stärkere, den entscheidenden Lebensimpuls. Die Natur wurde entpersonalisiert. Am Ende stehen sich – will man diese Theorien zu Ende denken – in der menschlichen Gesellschaft nicht Personen gegenüber, die – wie es Habermas ausdrückt – voneinander Rechenschaft fordern können, sondern naturgesteuerte Automaten.

In Marpingen dagegen hieß es aus dem Munde eines »mystisch geschauten« Jesus: »*Die Zehn Gebote sind das Amen des Universums. Die Liebe ist der letzte Zweck der Geschichte* (nicht Auslese durch Vernichtung der Schwächeren). *Ihr habt zwei sehr schlimme Kriege erlebt* (in denen diese Spielregeln angewandt wurden). *Ich habe dies zugelassen, um zu zeigen, was geschieht, wenn ihr euch euch selbst überlasst. Nicht ich wollte diese Kriege. Heute ist die Wissenschaft in der Lage, Waffen zu bauen, die ohne weiteres die ganze schöne Erde zerstören. Doch ich lasse dies nicht zu, da ich zu viele betende Herzen vorfinde und offene Menschen. Ich lasse es nicht zu. Habt keine Angst! Ich komme als König der Barmherzigkeit und der Liebe, nicht als harter Richter. Mein Gericht besteht darin, dass ihr seht, dass ihr die Liebe zu wenig geliebt habt.*«

»Es gibt den Teufel nicht«, so Habermas, »aber der gefallene Erzengel treibt nach wie vor sein Unwesen – im verkehrten Guten der monströsen Tat, aber auch in ungezügeltem Vergeltungsdrang, der ihr auf dem Fuße folgt.« Habermas setzt hier Vergeltung gewissermaßen der bösen Tat gleich, ein Grundprinzip christlichen Glaubens von der Feindesliebe.

Im Saarland hieß es zwei Jahre zuvor in einer religiösen Atmosphäre: »*Es gibt eine Hölle! Es gibt eine ewige Verdammnis, aber wir, der Vater und der Heilige Geist und ich, wir wollen euch nicht da sehen. Wir wollen euch alle bei uns im Himmel haben, in der ewigen Glückseligkeit, in der ewigen Anschauung des Vaters.«*

Im Sinne des aktuellen Sprachschatzes heißt das: Es gibt keine Hölle, es gibt keine ewige Verdammnis, aber es existiert für jeden einzelnen Menschen die Möglichkeit, den Sinn seines Lebens zu verfehlen – für immer, auch für eine Menschheit als Einheit gesehen. Den Sinn des Lebens im obigen Sinne verfehlen hieße, die Liebe verfehlen, denn sie allein ist Zweck des Lebens. Klarer und verständlicher lässt es sich nicht ausdrücken.

Längst dämmert vielen denkenden Zeitgenossen die Erkenntnis, dass der Mensch seine Möglichkeiten so weit entwickelt hat, dass er nicht mehr in der Lage ist, sie psychologisch, sozial, politisch und religiös zu beherrschen, dass sie ihm aus dem Ruder laufen.

Denkt man diese Einsicht mit ein wenig Vernunft und Phantasie zu Ende, so heißt das, die Selbstzerstörung scheint nicht mehr aufzuhalten, vor allem dann, wenn der Mensch trotz seines Wissens um die Unbeherrschbarkeit dieses Wissens durch seine gebrechliche Natur dennoch so fortfährt, als könnte er alles am Ende doch – allen Erfahrungen zum Trotz – in den Griff bekommen.

In amerikanischen Filmen kommt zuweilen vor, dass Menschen Vorgänge um sich herum als »Zeichen« deuten, als Zeichen, etwas zu entscheiden oder eine bestimmte Richtung einzuschlagen. Ein nicht zu übersehendes Zeichen ist die erschreckend große Anzahl von jungen Männern, von radikalen islamistischen Kräften gesteuert, die bereit sind, andere und sich selbst in den Tod zu führen. Wenn dieser Wahn um sich greifen, sogar Millionen und Abermillionen erfassen sollte, wäre das das kollektive Ende der Menschheit.

Der amerikanische Senator Bob Graham aus Florida, ein Mann mit sehr guten Kontakten zu den Geheimdiensten, ließ im Herbst 2001 gegenüber dem Journalisten Wolf Blitzer durchblicken, dass die Pläne der Al-Qaida-Terrororganisation, die den Geheimdiensten in die Hände gefallen sind, Grund gewesen seien, Albträume zu bekommen. Man hätte Beweise in der Hand, dass einige pakistanische Atomexperten den Taliban in Afghanistan helfen wollten, in den Besitz von spaltbarem Material zu kommen. Und Wesley Clark, der ehemalige Oberkommandierende der NATO, ergänzte: »Eine atombestückte Atomrakete herzustellen, erfordert hohes, sehr hohes Ingenieurwissen und eine entsprechende Ausstattung.« Aber zur Herstellung einer sogenannten schmutzigen Atombombe sei das nicht notwendig. Und eine »schmutzige« Bombe in einem Schiff gezündet, das in einem Hafen vor Anker gehen würde, käme einer Raketenwaffe gleich.

Bei der aufmerksamen Lektüre des Vortrages von Habermas muss man sich wundern, wie weit der kluge Denker sich gegenüber der säkularen Gesellschaft aus dem Fenster gelehnt hat. In einem weiteren Nebensatz heißt es nämlich: »Die verlorene Hoffnung auf Resurrektion (Auferstehung) hinterlässt eine spürbare Leere.« Für den einfachen Leser übersetzt könnte es heißen: Der verlorene Glaube an die Auferstehung hinterlässt eine Leere!

Etwas weiter heißt es dann: »Dass der Gott, der die Liebe ist, in Adam und Eva freie Wesen schafft, die ihm gleichen, muß man nicht glauben, um zu verstehen, was mit Ebenbildlichkeit gemeint ist. Liebe kann es ohne Erkenntnis in einem anderen, Freiheit ohne gegenseitige Anerkennung nicht geben. Das Gegenüber in Menschengestalt muss seinerseits frei sein, um die Zuwendung Gottes zu erwidern« (nichts anderes wurde in Marpingen gesagt, Anm. des Autors).

Im Grunde gibt es nichts, was den Verstandesmenschen Jürgen Habermas und die drei schlichten Frauen aus dem Saarland beziehungsweise ihre »Madonna« bei den oben erörterten Problemen voneinander unterscheidet. Und liest man den letzten Absatz genau, so könnte beinahe der Eindruck entstehen, dass der Preisträger wohl nichts dagegen hätte, den mystischen Charakter der Vorgänge von Marpingen abzusegnen, was aus den nachfolgenden Worten hervorgeht: »Dieser Schöpfer braucht, weil er Schöpfer- und Erlösergott in einem ist, nicht wie ein Techniker nach Naturgesetzen zu operieren oder wie ein Informatiker nach Regeln eines Codes. Die ins Leben rufende Stimme Gottes kommuniziert von vornherein innerhalb eines moralisch empfindlichen Universums. Deshalb kann Gott den Menschen in dem Sinne ›bestimmen‹, dass er ihn zur Freiheit gleichzeitig befähigt und verpflichtet.«

Die »Frankfurter Allgemeine Zeitung« konnte es sich nicht verkneifen, Jürgen Habermas in einer Überschrift als »letzten Metaphysiker« zu bezeichnen, mit anderen Worten, als letzten, der noch an die Ewigkeit glaubt.

Zur Erinnerung! In Marpingen hieß es: »*Doch ich lasse jedem die Freiheit, für oder gegen mich zu entscheiden, aus Liebe ... Ich beuge niemals den Willen eines Menschen. Ich beuge ihn nicht, ich erwarte von euch, dass ihr mit Liebe kommt.*«

Der Mensch wurde für die Transzendenz geboren, für die Ewigkeit, für ein Leben jenseits von Raum und Zeit, eingetaucht in die Quelle des Lebens, nicht allein, sondern in engster Verbindung mit einem Gott, der von seinem Wesen her – daran wird in Marpingen erinnert – Gemeinschaft ist. Aber die letzte Entscheidung, ob der Mensch in diese Transzendenz eingehen will, liegt bei jedem Menschen selbst.

Am letzten Tag, dem 17. Oktober 2001, kurz vor dem Ausklang der Erscheinungsserie, hieß es noch einmal:

»Der Himmel ist die ewige Glückseligkeit und nicht ein Phantasiegebilde, das sich manche Menschen einzubilden scheinen. Es gibt einen Himmel, und es gibt eine Hölle, nur die Entscheidung, wo jeder einmal in Ewigkeit sein will, trifft jeder Mensch selbst. Gott verdammt niemanden. Das macht der Mensch selbst, indem er Gott nicht liebt.«

KAPITEL VI

Um den letzten Sinn

Am 5. September 1999 – dem elften Erscheinungstag – wurde in Marpingen ein Wunsch geäußert, der
nicht in das Gesamtbild der angesprochenen Anliegen
zu passen scheint. Vorausgegangen waren folgende
Worte: »*Bevor in der Welt Friede herrscht, muss zuerst der
Friede in die einzelnen Länder einziehen, und dieser Friede zieht ein mit dem Triumph meines unbefleckten Herzens*
(meines Denkens: Dienen, Verfügbarkeit). *Ich bin aber
auch heute gekommen, um euch noch meinen Wunsch mit-
zuteilen. Ich wünsche, dass hier an diesem Ort ein Heiligtum entstehe zur Ehre der Heiligsten Dreifaltigkeit.*«

Und dann der besondere Hinweis: »*Es ist alles im
göttlichen Plan.*« Es wird sogar mit Nachdruck und aus-
geweitet wiederholt. »*Es ist alles in seinem* (göttlichen)
*Plan und steht schon seit Jahrhunderten fest, wie ich es euch
schon einmal gesagt habe.*«

Gerade diese Ergänzung deutet darauf hin, dass der
Vorschlag, ein Heiligtum zur Ehre des »dreifaltigen
Gottes« zu errichten, in einer größeren Perspektive, in
einer großen historischen Dimension, in einem lang-
fristigen Entwurf (Plan) gewertet werden soll.

Zu verstehen ist das nur, wenn man dies vor dem
Hintergrund und mit den Auswirkungen der Katastrophe vom 11. September 2001 sieht. Diese hatte zur Folge, dass plötzlich in den westlichen Ländern ein großes

Interesse für den Islam zu erkennen war, für den Koran, sein heiliges Buch. Papst Johannes Paul II. rief erneut nicht nur zu gegenseitiger Toleranz, sondern zum Dialog auf. Das Treffen verschiedener Religionsvertreter am 24. Januar 2002 in Assisi war sichtbarer Ausdruck dieses Bedürfnisses.

Die angesehene polnische Wochenzeitung »Tygodnik Powszechny« nannte die Begegnung ein »mystisches Ereignis«. Initiativen dieser Art sind im Grunde die einzige Alternative zum »Kampf der Kulturen«, was »Kampf der Religionen« mit einschließt.

Eine fruchtbare Aussprache in größerem Maßstab ist jedoch nur möglich, wenn man die eigene Position gut kennt und sich voll mit ihr identifiziert.

Es gab im Anschluss an Assisi warnende Stimmen, eine solche Annäherung könnte auch zur Unverbindlichkeit führen. Prof. Dr. Adel Theodor Khoury, hervorragender Kenner des Islam, emeritierter Professor für Religionswissenschaft an der Universität Münster, er stammt aus dem Libanon, warnte bei einer Vortragsveranstaltung am 11. Februar 2002 im westfälischen Warendorf davor, die Idealvorstellungen einer Religion, z. B. des Christentums, mit der Praxis einer anderen zu vergleichen, die von ihren eigenen Idealvorstellungen abweicht. Wenn schon verglichen werden müsse, dann sollten ideale Vorstellungen mit idealen, und die enttäuschende Praxis mit enttäuschender Realität auf beiden Seiten verglichen werden. Jede Religion müsse verstanden werden, wie sie sich selber verstehe.

Von entscheidender Bedeutung für ein friedliches Europa wird sein, ob das Christentum auf diesem Kontinent bereit ist, sein Selbstverständnis zu vertiefen und immer wieder zu überprüfen, ob es mit der Botschaft der Frühzeit übereinstimmt oder Opfer des Zeitgeistes geworden ist. Während im Islam versäumt wurde, den Koran zu interpretieren, auch und gerade für die Moderne, hat es dieser Interpretationen der Heiligen Schrift im Christentum zu viele gegeben. Die Deutungen sind Selbstzweck in sich geworden, haben nicht zur Vertiefung, sondern zu einer Entfernung von der ursprünglichen Verkündigung geführt.

Der Islam hält das Christentum für eine überholte Religion. Man stecke allerdings in der gleichen biblischen Tradition. Von Abraham über Mose und Jesus ziehe sich ein roter Faden bis Mohammed. Bei Jesus würden sich jedoch die Geister trennen. Der Islam hält ihn für einen großen Propheten, Mohammed für den letzten, den entscheidenden. Gelten lässt man allerdings Maria, die Mutter Jesu, und akzeptiert auch die jungfräuliche Geburt Jesu. Die Menschwerdung Gottes in Jesus von Nazareth wird abgelehnt. Die Verehrung der Madonna stellt im Islam – im Gegensatz zu manchen Strömungen im Christentum – kein Problem dar.

Das große, seit 1917 weltweit bekannte Marienheiligtum »Fatima« in Portugal trägt den Namen einer einst muslimischen Prinzessin aus dem 12. Jahrhundert, die zum Christentum übergetreten ist. Fatima hieß außerdem auch die Lieblingstochter Mohammeds. Von islamischer Seite soll es sogar Vorschläge gegeben haben, Fatima als muslimisches Pilgerzentrum zu sehen. Rom hat allerdings abgelehnt. Aber nicht auszuschließen ist, dass diesem Marienheiligtum noch eine große Rolle im Dialog mit dem Islam zufallen könnte.

Viele neigen dazu, nach dem Zusammenbruch des kommunistischen Sowjetimperiums die Großprophetie Fatimas als beendet anzusehen, weil der Kommunismus mit seinen Verirrungen und geistigen Gefahren für die ganze Menschheit als Kernanliegen Fatimas gesehen wurde. In Marpingen wird jedenfalls betont, dass Gott in großen historischen Dimensionen die Entwicklung der Menschheit beeinflusst. Diese Sicht steht in totalem Gegensatz zur Spaßgesellschaft, die in den Tag hineinlebt.

Europa wird sich damit abfinden, in seiner Mitte große muslimische Gemeinschaften zu haben, mit denen man nicht in einem Zustand ständiger Spannung leben kann. Der Süden Indiens hat über Jahrhunderte gezeigt, dass ein friedliches Zusammenleben zwischen verschiedenen Religionen, Hinduismus, Islam und Christentum, möglich ist, ohne dass eine von ihnen ihre Identität verliert.

Marpingen dient – das zeigt ein genaues Studium der Botschaftstexte – der Festigung und Aufarbeitung der christlichen Identität, auch und gerade gegenüber dem Islam. In diesem Zusammenhang ist es unumgänglich, die Unterschiede zwischen beiden klar zu sehen. Das Christentum ist nicht, wie der Islam, eine Buchreligion. Seit dem 19. Jahrhundert hat man versucht drei Religionen als solche zu bezeichnen, Judentum, Christentum und Islam. Für den Islam enthält der Koran die niedergeschriebene Offenbarung Gottes. Manche muslimische Gelehrte meinen gar, der Koran sei die Abschrift eines himmlischen Originals.

Das Christentum hat ein anderes Verständnis von der Offenbarung. Offenbarung ist nicht schriftlich festgelegte Mitteilung, sondern Selbstmitteilung Gottes, und zwar in der konkreten Person Jesu. Für den Islam sind Propheten Boten. Im Christentum sind Botschaft und Botschafter identisch.

In der Person Jesu ist das Reich Gottes angebrochen. Nur Jesus konnte der Menschheit die Botschaft vom dreifaltigen Gott überbringen, weil er aus seiner Mitte kam. Ziel der Offenbarung ist die Gemeinschaft der Menschen mit dem dreifaltigen Gott. Die Schrift ist das Buch der Kirche, das nur in Zusammenhang mit der Tradition, das heißt mit der Selbstmitteilung Gottes, richtig gedeutet werden kann. Die Schrift bezeugt die geschichtliche Offenbarung Gottes. Offenbarung aber ist die Gesamtheit des geschichtlichen Handelns Gottes. Jesus ist das eigentliche Wort Gottes.

Der Islam hält sich gegenüber dem Christentum für eine höhere Religion. Nicht nur weil er später entstanden ist. Auch andere, danach entstandene Religionen neigen übrigens zu dieser Selbsteinschätzung. Raymundo Panikkar, ein Theologe indischer Herkunft, soll einmal – so eine Rundfunkmeldung – gesagt haben, der »Monotheismus« habe sich überlebt. Das darf nicht missverstanden werden.

Die Botschaft vom dreifaltigen Gott sei, so der Theologe, der Höhepunkt der Offenbarung. Sie gewähre einen kleinen Einblick in den inneren Reichtum Gottes, den der Monotheismus anderer Religionen nicht vermitteln könne, also auch nicht der Islam.

Die Dreifaltigkeit ist ständige innere Beziehung, ständiger »Austausch«, pulsierendes inneres Leben. Gott ist kein vor sich hindämmerndes Wesen, kein meditierender Buddha, zu dem man ihn auch in Europa machen wollte, etwa in der Aufklärung.

Philosophen dieser Zeit gingen davon aus, Gott habe das Universum zwar ins Leben gerufen, ihm ewige Gesetze verliehen, sich im übrigen jedoch zurückgezogen. »Deismus« nennt man diese Haltung. Aber eine Bemerkung Jesu, von Johannes festgehalten, macht sehr nachdenklich: »Mein Vater wirkt immer und ich wirke auch immer.« Diese Aussage war an die Theologen seiner Zeit gerichtet. Sie muss in Verbindung mit dem

»dienenden Gott« gesehen werden, den Jesus in der berühmten Fußwaschung seiner Jünger bildlich vermitteln wollte. Gott ist ständiges Dienen, ständige Verfügbarkeit, Christentum ist von seinem Wesen her Dienen. Das ist eine dem Islam fremde Mentalität. Die Kreuzzüge waren, obwohl sie unter dem Kreuz und unter christlichen Standarten geführt wurden, eine Verneinung des Christentums.

DIENENDE KREATIVITÄT

Gott ist also ewige dienende Kreativität. In diese Kreativität soll der Mensch einmal einbezogen werden. In der letzten Botschaft vom 17. Oktober 1999 heißt es u.a. (die Worte kommen aus dem Munde Jesu):

»Mein Herz möchte euch alle und damit die ganze Welt überfluten von der Liebe, die in meinem Herzen wohnt. Es ist die Liebe, die ausgeht vom Vater, es ist die Liebe, die auch ausgesandt wird durch den Heiligen Geist. Es ist die Liebe, die zwischen uns gegenwärtig ist. Ihr seid in diese Liebe einbezogen. Ihr seid ein Teil dieser Liebe, weil der Vater und ich und der Heilige Geist euch geschaffen haben, um uns zu lieben.« Aus der Mitte Gottes heraus kreativ in alle Ewigkeit. Diese Sicht widerspricht in manchem der Volksfrömmigkeit. Sie widerspricht auch den Vorstellungen

des Islam vom ewigen Paradies. Diese verschiedene Betrachtungsweise, ernst genommen, kann nicht ohne tiefgreifende Auswirkungen auf die Spiritualität, mehr noch, auf die religiöse Praxis bleiben.

Vielleicht liegt darin auch das Geheimnis des technischen und sozialen Fortschrittes der westlichen Zivilisation, auch wenn diese – vor allem in den letzten 200 Jahren – ihre Wurzeln verleugnen möchte.

Auf dieser Linie liegt die bereits erwähnte Untersuchung des Nobelpreisträgers für Literatur für das Jahr 2001, V. S. Naipaul, über die er in seinem Aufsatz in der »Frankfurter Allgemeinen Zeitung« berichtet hat.

Zum ersten Mal bin ich im Jahre 1984 in einer führenden Buchhandlung an der Mahatma Gandhi Road im südindischen Bangalore, dem heute bekannten Computerzentrum, auf ihn aufmerksam geworden. Es war der Titel »An Area of Darkness« (Eine Zone der Dunkelheit).

Von indischen Eltern in Trinidad in der Karibik abstammend, besuchte er 1960 ein ganzes Jahr Indien, das Ursprungsland seiner Vorfahren. In dem Buch gelang es ihm, dem Leser einen tiefen Einblick in das Land und in dessen eigenes Denken zu vermitteln. Diese Fähigkeit hat ihn als Reiseschriftsteller berühmt gemacht und ihm am Ende die hohe Auszeichnung eingebracht.

In dem oben zitierten Aufsatz unter dem Titel »Jenseits des Glaubens« stellt er gleich zu Anfang fest: »Der Islam stellt Herrschaftsansprüche.« Es wäre, sollte es zutreffen, das Gegenteil von »Dienen«. Wichtiger noch ist seine Analyse islamischer Länder, vor allem Pakistans. Dabei stellt er die kühne Behauptung auf, die meisten nichtarabischen, islamisch gewordenen Länder hätten im Grunde die Lehre des Mohammed nicht verarbeitet. Noch nach Jahrhunderten würde sich der von ihnen angenommene oder ihnen übergestülpte Islam in ihrer Mentalität negativ darstellen.

Naipaul versucht es am Beispiel Pakistans zu erläutern. Die Pakistaner waren einst Hindus. Pakistan und Indien bildeten vor dem Zweiten Weltkrieg unter den Briten ein Land, eine Kronkolonie. Nach der Ausrufung der Unabhängigkeit zerbrach diese Einheit in einen muslimischen und in einen hinduistischen Teil.

Während die gebildete Schicht Indiens, meist in christlichen Schulen erzogen, den Anschluss an die Moderne versuchte und heute zum Teil geschafft hat, ist Pakistan, durch die Kurzsichtigkeit seiner Führer, immer mehr zurückgefallen. Das Land sollte in die Vergangenheit zurückgeführt werden – bis in die Zeit des Propheten.

Die unter den Briten, um ein Beispiel zu nennen, vorbildlichen Gesetze wurden geändert, die Rechte der Frauen beschnitten, Strafen früheren Vorstellungen angepasst, das Bildungsniveau konnte nicht Schritt halten. Heute haben beide Länder praktisch nichts Gemeinsames mehr.

Der Nobelpreisträger drückt es in einem Satz aus: »Indien mit seiner sprunghaft anwachsenden Akademikerschicht expandiert auf allen Gebieten, während Pakistan, das nur den Glauben und abermals den Glauben verkündet, immer rückschrittlicher wird.«

In einem Nebensatz deutet V. S. Naipaul an, dass diese Situation auch für einige christliche Regionen zutreffe. Das würde vieles auch in der deutschen Geschichte erklären. Philosophen in Indien unterscheiden gelegentlich zwischen der Religion des Volkes, dem Hinduismus, und der anspruchsvollen Spiritualität der geistigen Führer. Die Frage ist, ob eine Verinnerlichung des Christentums inzwischen nicht auch im Deutschsprachigen angebracht wäre und ob sich hier nicht schon längst ein dringender Nachholbedarf ankündigt.

DURCHDACHTE GEISTIGKEIT

Auf den ersten Blick könnte man Marpingen den Formen der Volksfrömmigkeit zuordnen und vieles, was sich dort im Sommer 1999 zugetragen hat, lässt keine andere Einschätzung zu.

Wer jedoch die Botschaften unter die Lupe nimmt und diese aus ihrer mystischen Verkleidung herausschält, kommt zu ganz anderen Schlussfolgerungen. Marpingen will zu einer durchdachten (reflektierten) Geistigkeit führen, zu einem nicht nur bekennenden

Glauben, sondern zu einem gelebten, zu einer aufgearbeiteten Identität. Die Herausforderung des Islam legt das nahe.

Hinzu kommt ein weiterer Aspekt. In den letzten hundert Jahren wurde von evangelischen und später katholischen Theologen, konkreter: von Bibelkritikern, eine intensive Vorarbeit für eine Islamisierung Deutschlands geleistet. An der Person Jesu scheiden sich zwischen Islam und Christentum die Geister. Es geht um die Inkarnation, um die Menschwerdung, um die göttliche Natur Jesu. Diese ist für den Islam unakzeptabel. Unannehmbar ist sie auch für die Bibelkritik im Deutschland des 20. Jahrhunderts. Männer wie Adolf von Harnack (1851–1930), Albert Schweitzer (1875–1965) und Rudolf Bultmann (1884–1976) sind unbewusst und sicherlich auch ungewollt, langfristig gesehen, zu Instrumenten des Islam geworden.

Als »Giganten« der Theologie verehrt, haben sie direkt oder indirekt Jesus die göttliche Herkunft abgesprochen. Sie liegen damit auf der Linie des Islam, zu dem sie eigentlich hätten übertreten müssen.

Für viele ihrer heutigen Schüler in Amerika und in Deutschland, auch an katholischen Hochschulen, wäre das ein konsequenter Schritt. Ihre gelehrten Schriften, populären Bestseller können nicht darüber hinwegtäuschen, dass sie diesem näher stehen als der traditionellen Botschaft des Evangeliums. Auch in den Massenmedien wird auf diese Weise eine Machtübernahme des Islam eingeleitet.

Garant der Trinitätslehre sind im Augenblick vor allem der Papst und die orthodoxen Kirchen. Sie stehen konsequent zur göttlichen Herkunft Jesu. Vor diesem Hintergrund ist ein weiterer Aufruf vom letzten, dem dreizehnten Erscheinungstag (17. Oktober 1999) zu verstehen:

»Liebt mich! Liebt den Vater, liebt den Heiligen Geist! Verehrt ihn, denn er ist dazu bestimmt, euch den Weg zu weisen in dieser verworrenen Zeit, mir und meiner Kirche treu zu bleiben. Ihr müsst wachsam sein. Ihr müsst mit offenem Herzen und mit kindlicher Liebe mich anbeten. Wer mich liebt und wer mich anbetet und wer meinem Stellvertreter auf dieser Welt gehorsam ist, wird immer ein Glied meiner Kirche sein. Diese Kirche habe ich gegründet, um euch und allen Menschen die Möglichkeit zu schenken, mit meinen Gnaden, die ich vom Kreuz verdient habe, gerettet zu werden. Ihr seid nicht für das Verderben bestimmt. Ihr seid für den Himmel bestimmt (nicht für ein Paradies aus islamischer Sicht). *Jeder Mensch, der in die Hölle kommt, will es selbst, denn Gott verdammt niemanden.«*

Da in Marpingen zu entscheidenden Fragen nicht nur die Madonna, sondern auch Jesus, nach christlichem Verständnis Gottes Sohn, zu Worte kommt, ist es eigentlich nicht korrekt, dort von »Marienerscheinungen« zu sprechen. In der Person Jesu ist es auch die Stimme Gottes, ob das Phänomen nun Wirklichkeit gewesen ist oder seelischer Ausdruck tiefster menschlicher Not. Gerade die obigen Überlegungen zum Islam würden eine tiefe, unterschwellige Angst verständlich machen, wenn man sich vor Augen führt, wie das Los der Frauen in manchen Ländern aussieht, in denen der Islam herrscht. Einen unvergesslichen Anschauungsunterricht hat ihnen das Taliban-Regime in Afghanistan geliefert.

Die große Konfrontation mit dem Islam, ob friedlich oder weniger friedlich, steht ins Haus. Der 11. September 2001 hat gezeigt, dass die westliche Welt darauf in keiner Weise vorbereitet ist. Sie taumelt in eine Situation hinein, voller Unwissen und voller Unsicherheit, die ihr zum Verhängnis werden kann, weil in einer solchen Kurzschlusshandlungen nicht ausgeschlossen werden können. Marpingen ist der Aufruf – und ein Heiligtum zu Ehren des »dreifaltigen Gottes« soll dafür Symbol sein – sich des eigenen Gottesbildes bewusst zu werden und damit der eigenen Identität.

EINBLICK IN DIE TRANSZENDENZ

Am 17. Oktober 1999 ereigneten sich in Marpingen Dinge, für die viele Menschen in diesem Lande nur ein überlegenes, mitleidiges Lächeln aufbringen können. Zwei von den drei Frauen, Christine und Marion, wurde ein Einblick in die Transzendenz gewährt, in die Ewigkeit. Der Durchschnitt der Lehrer und Hochschullehrer, darunter auch Theologen, die in nichts nachstehen wollen, ist einem Weltbild verhaftet, das aus dem 17. Jahrhundert stammt, also dreihundert Jahre alt ist. Es wurde von Naturphilosophen entworfen und läuft auf die Formel hinaus, das Universum arbeite nach dem Modell einer Maschine.

Viele haben nicht mitbekommen, dass sich die Grundlagen dieser rein materialistisch orientierten Naturwissenschaft seit dreißig Jahren langsam, aber stetig in Nebel auflösen. Diese sogenannten Mechanisten haben sich gescheut – so der englische Biochemiker Rupert Sheldrake aus Cambridge – »irgend etwas Mysteriöses oder Mystisches im Bereich des Lebendigen zuzulassen«.

Heute wisse man, die Natur bestehe aus Organismen, nicht aus Maschinen. Die gegenwärtige Schulwissenschaft sei begrenzt, ja beschränkt. Sheldrake wagt es, erstarrte Positionen aufzubrechen, und er steht inzwischen nicht allein.

Nach diesen einleitenden Worten fällt es leichter, sich wieder Marpingen zuzuwenden. Bei jener letzten Begegnung am 17. Oktober 1999 ging es im Grunde um nichts anderes als um die letzten Fragen nach dem Sinn des menschlichen Daseins. Gegen 17.00 Uhr wollen zahlreiche Menschen ein Sonnenwunder gesehen haben, ein halbstündiges Sonnenkreisen. Die Seherinnen befanden sich am Eingang der Kapelle und schauten nach draußen. Von allen Seiten drängten Kameraleute, um die Gesichter der Frauen einzufangen, die sich zeitweise in der Ekstase befanden. Die Frauen sahen, wie Christine verriet, den Himmel offen und ein leuchtendes Dreieck, Symbol für den »dreifaltigen Gott«. Die Seherin rief aus: »Es ist alles wunderschön, voller Freude. Man braucht keine Angst vor dem Tode zu haben, das ist so schön! Wir brauchen nichts zu fürchten!« Der zweiten Seherin, Marion, verschlug es die Sprache. Sie sah bekannte verstorbene Persönlichkeiten und Wesen, die wir als Engel bezeichnen. In besonders eindrucksvoller Weise hat Hans Schotte die Szene zum Ausklang seines Filmes »Schaut her in mein Herz« eingefangen.

›VERKÜNDET ALLEN AUF DER GANZEN WELT‹

Dann folgte über Christine die erläuternde Botschaft der Frau aus der Ewigkeit: »*Betet und freut euch, dass der Herr sich euch offenbart hat. Ich möchte, dass ihr mit Freude nach Hause geht. Eure Herzen sollen voller Freude sein. Und diese Freude ... gebt sie weiter, an alle, die euch begegnen. Reicht jedem die Hand und gebt eure Freude weiter und die Liebe, die ihr in euren Herzen tragt!*

Verkündet überall auf der ganzen Welt, dass ich, eure himmlische Mutter, immer bei euch bin und euch nie verlasse ... und dass ich meine Versprechen halte. Verkündet al-

len Völkern, dass (der trinitarische) *Gott euch liebt mit all euren Schwächen und Fehlern. Er wartet auf euch und freut sich über jeden, der zurück zu ihm kommt. Verkündet es! Verkündet es in aller Welt: Wir lieben euch.«*

Und durch Marion heißt es: »*Der Glaube macht die Menschen frei, er macht sie voller Freude. Er macht sie frei. Nichts in der Welt kann sie so frei machen wie der Glaube, der Glaube an Jesus Christus, unseren Herrn und Gott.«*

Von Judith, der dritten Seherin, folgt dann der Ausklang der Botschaft:

»*Meine Kinder! Mit diesen Bildern, die Marion und Christine beschrieben haben, möchte ich euch einen Einblick geben, wie wunderschön es im Himmel ist. Durch Marion habe ich ja schon gesagt, dass man keine Angst zu haben braucht vor dem Tod.*

Der Tod ist nur ein Übergang, ein Hinübergehen, ein Durchgehen durch einen Vorhang, um in das ewige Leben, in die ewige Glückseligkeit zu uns zu gelangen.

Meine Kinder! Lebt das, was ich euch hier gesagt habe! Lebt es, verwirklicht es in eurem Leben und helft allen Menschen, die neben euch gehen, dass sie den gleichen Weg gehen. Holt sie da ab, wo sie stehen! Verurteilt niemanden! Alle Menschen werden von Gott geliebt, und so müsst auch ihr alle Menschen lieben. Verwirklicht meine Worte, die ich euch in Marpingen gegeben habe, in eurem Leben.

Dann lebt ihr so, wie Gott es von euch will. Dann lebt ihr so, dass ihr in die ewige Glückseligkeit eingehen könnt. Ihr braucht vor dem Tod, wenn ihr nach Gottes Geboten gelebt habt, keine Angst zu haben. Der Himmel ist der Lohn für euren Kampf, und euer Leben ist ein Kampf.« ...und dann wird noch einmal, beinahe beschwörend, zusammengefasst, was den Frauen im Laufe des »Sommertheaters« übermittelt worden war und im Grunde für eine im Materialismus, im Wohlstand und im Spaß versunkene Welt bestimmt zu sein scheint:

»Der Himmel ist die ewige Glückseligkeit und nicht ein Phantasiegebilde, das sich manche Menschen einzubilden scheinen. Es gibt einen Himmel, und es gibt eine Hölle, nur die Entscheidung, wo jeder einmal in Ewigkeit sein will, trifft jeder Mensch selbst. Gott verdammt niemanden. Das macht der Mensch selbst, indem er Gott nicht liebt. Deshalb bitte ich euch heute noch einmal: Erfüllt meine Bitten, folgt der Lehre der Kirche, seid treu dem Papst, lebt die Gebote Gottes, seid Kind, demütig, schlicht und klein, und lasst euch von mir, eurer himmlischen Mutter, führen.«

›NATUR IST NICHT STARR‹

Vor einem Vierteljahrhundert hat Gerd Schallenberg, Chirurg und Theologe – eine denkbar ungünstige Berufskombination –, den Titel »Visionäre Erlebnisse« herausgebracht. Neben ein paar brauchbaren Kriterien für die Beurteilung solcher Vorgänge hat man auf der anderen Seite den Eindruck, dass er es sich bei der

Begutachtung konkreter Fälle und Personen zu leicht gemacht hat. Er wartet mit einer Liste von seelischen Störungen und krankhaften Zuständen auf, die als Erklärung für solche Vorgänge in Frage kommen. Da ist von Halluzinationen, Trugwahrnehmungen, Sinnestäuschungen, eidetischen Erscheinungen, von Dämmerzuständen und von Hysteroepilepsie die Rede, Störungen, die es in der klinischen Praxis mehr als genug geben dürfte und die von der Atmosphäre der Spaß- und Genussgesellschaft begünstigt werden.

Er spricht sehr gelehrt von illusionärer Verkennung, von Syndromen der optischen Halluzination religiöser Prägung, von Affektillusionen, von hypnagoger Halluzination, präkognitiven und hellseherischen Wahrnehmungen bei bestimmten Personen mit einer Selbstsicherheit, die an Leichtfertigkeit grenzt. Aber er schrieb in einer Zeit, als die materialistische Auffassung von Naturwissenschaft noch auf dem Höhenflug und die Arroganz ihrer Befürworter nicht zu erschüttern war. Für Marpingen scheint das alles nicht zuzutreffen.

Bereits 1992 stellte Rupert Scheldrake in Cambridge fest, dass die Theorie vom Urknall als Beginn des Universums unsere Weltanschauung total verändern werde. Die Natur sei nicht starr, sondern befinde sich in ständiger Entwicklung, und er wagte die Frage, ob das nicht sogar für die uns bekannten Naturgesetze zutreffe. »Wenn die Natur eine Entwicklung durchmacht«, fragt der Biochemiker, »was ist dann mit den ewigen Naturgesetzen, die über lange Jahrhunderte von den

Naturwissenschaftlern ganz selbstverständlich vorausgesetzt wurden? Wo waren sie vor dem Urknall? Sie hatten doch keinen Seinsgrund, es gab kein Universum.« Und am Schluss seiner Betrachtung schimmert seine Schlussfolgerung durch: Es muss einen Geist Gottes geben oder etwas, was dem ähnlich sein könnte.

›AUS DEN FUGEN GERATEN‹

Nichts anderes wird in Marpingen verkündet, in einer manchmal kindlich anmutenden Sprache, die jedoch auf Kenner der Mystik keineswegs befremdend wirkt. Die Frage, an der sich alles reibt, ist die, ob man bereit ist, neben der uns bekannten Wirklichkeit eine andere, jenseitige anzuerkennen. Unsere Vorstellung von Wirklichkeit ist außerordentlich eng. Allein auf unserem Planeten gibt es viele Wirklichkeiten.

Die Welt, in der Bienenvölker leben, unterscheidet sich vollkommen von der des Menschen, und wir würden wahrscheinlich in großes Staunen geraten, wäre es möglich, diesen Unterschied zu erleben. Bereits der bei uns so beliebte Haushund lebt in einer anderen Realität, die vom Geruch geprägt wird. Farbenblinde Menschen leben in einer »anderen Welt«. Wo es gelingt, einem Farbenblinden zu verdeutlichen, was ihm in seiner

Sinneswahrnehmung entgeht, kann bei diesem einen Schock auslösen.

Fast zwanzig Jahre war der englische Physiker Stephen Hawkings, durch ein Nervenleiden gelähmt und an den Rollstuhl gebunden, der Papst für alle jene, die sich nach einem Universum sehnten, das ohne Schöpfer zu erklären wäre. Er glaubte, ihnen die Beweise geliefert zu haben. Aber nach der Jahrtausendwende erweckt auch er den Eindruck, vorsichtiger zu sein. Wer von Schöpfung und Schöpfer, von einer »Formel Gottes« als Ursprung des Universums spricht, ist kein lupenreiner Atheist mehr.

In der Nummer 36/2001 des Magazins FOCUS sagte er: »In den grundlegenden Theorien mussten wir unsere Konzepte schon so oft ändern, dass wir jetzt nicht mehr fragen, ob eine Theorie die Wirklichkeit wiedergibt, sondern nur, ob sich aus ihr ein gutes mathematisches Modell der Beobachtungen ableiten lässt ... Jedes mathematische Modell, das mit den Beobachtungen übereinstimmt, ist ein gutes Modell – bis wir ein besseres finden.« Ein solches Bekenntnis verrät bereits viel Demut.

Anfang des Jahres 2002 schrieb ein Filmkritiker in einer Fernsehzeitung von Ratlosigkeit, Verlorenheit, von einer aus den Fugen geratenen Welt und glaubte sogar, diese Stimmung würde mehr und mehr Eingang in Spielfilmen finden. Gerade einer solchen Stimmung kommt Marpingen helfend entgegen, ob die Botschaften nun aus dem Munde der Madonna kommen oder

der Madonna von drei gequälten Frauen nur in den Mund gelegt werden. Das Anliegen bleibt, und es ist ein sehr ernstes.

LIEBESERKLÄRUNG AN DEUTSCHLAND

Die Erscheinungen, Visionen oder seelischen Projektionen von Marpingen – wie immer man es nennen will – klingen aus mit einer warmherzigen, ja geradezu dramatischen Liebeserklärung an die Deutschen. Es war der 17. Oktober 1999: »*Mein Sohn Jesus und auch ich, wir lieben euch sehr. Vergesst es bitte nie in all eurem Leid. Immer daran denken: Wir lieben euch! Wir lieben euch sehr!*« Die geheimnisvolle Frau hatte ihre Mission in Marpingen mit den Worten eingeleitet: »*Ich komme als Mutter für Deutschland*«. Demnach können die Abschiedsworte sich nur auf dieses Land beziehen.

Es ist verwunderlich, dass das so wenig in der Öffentlichkeit beachtet wurde. Nur bei selbstgefälligen, ständig um sich selbst kreisenden Menschen, die unverarbeitete Probleme mit sich herumschleppen, ist man gewöhnt, dass sie wichtige Aussagen der Umwelt überhören, gar nicht wahrnehmen. Über die Behauptung, viele Deutsche würden unter einem nicht aufgearbeiteten Auschwitzkomplex leiden, können sich nur jene wundern, die zu aufrichtiger Selbstkritik unfähig sind. In Wirklichkeit weht er einem überall entgegen, sogar bei Fernsehmoderatoren, Reportern, Journalisten der dritten Generation.

Und das vor allem dann, wenn sie über die angelsächsische Welt zu berichten haben. In Italien nennt man uns die »Schulmeister« Europas. In Holland tut man sich bis heute schwer, freundliche Worte gegenüber Deutschland zu finden. Man kann nicht vergessen, dass der ganze Kontinent, vom Atlantik bis zum Kaukasus, vor 50 Jahren unter dem Joch der deutschen Besatzungsmacht gelitten hat.

150 Jahre vorher hatten es die Franzosen unter Napoleon Bonaparte (1769–1821) vorexerziert. Er hatte sein eigenes Volk, die Blüte Frankreichs verheizt, um seine ehrgeizigen Pläne durchzusetzen und dem ganzen Kontinent seinen Willen aufzuzwingen, vom Atlantik bis Moskau. Nicht nur zeitgenössische Politiker und Staatsmänner versuchten ihn nachzuahmen. Das tat 120 Jahre später auch Adolf Hitler (1889–1945). Aber im Gegensatz zu Napoleon, einem genialen Feldherrn und Truppenführer, belastete der ehemalige Gefreite das Geschichtskonto seiner Nation mit den Gaskammern von Auschwitz.

Beide, Napoleon und Hitler, sind nicht alt geworden, der eine starb mit 52 Jahren vereinsamt auf der Insel St. Helena im Südatlantik, der andere mit 56 Jahren durch feigen Selbstmord. Alle schönen Worte können nicht darüber hinwegtäuschen, dass man als Deutscher

bei Begegnungen im Ausland nach wie vor eine unterschwellige Distanz verspürt. Man bewundert die Deutschen, vor allem wegen des Wirtschaftswunders nach
dem Zweiten Weltkrieg, aber man liebt sie nicht. Man
wird sie noch weniger mögen, wenn der Glanz des wirtschaftlichen Wohlstandes verblassen sollte.

REHABILITIERUNG AUS EINER
ANDEREN WELT

Nach dem Bau der Berliner Mauer rief der damalige Präsident der USA aus. »Ich bin ein Berliner!« Das
galt schon als Gipfel einer Sympathiebekundung. Mehr
war nicht drin, bis heute nicht. Und da erscheint in
Deutschland – nehmen wir mal an, es stimmt – eine geheimnisvolle Gestalt aus einer anderen Dimension, die
in der ganzen Welt hochverehrte Madonna, und wagt
vor der ganzen Welt eine Liebeserklärung an die deutsche Nation.

Das hätte für diese Grund sein müssen zu wünschen, es sei wirklich die Madonna. Die Transzendenz
selber hat Deutschland, hat die Deutschen rehabilitiert.
Für den Fall, dass es kein mystisches, sondern ein see-

lisches Erlebnis dreier Frauen gewesen ist, wäre ein solches Bekenntnis zur eigenen Nation nicht weniger dramatisch. Wir leiden an unserer Geschichte, haben 50 Jahre die deutsche Geschichte praktisch verdrängt, jede Äußerung von gesundem Patriotismus mit großem Misstrauen bedacht, oft diffamiert, über die eigene nationale Identität nie ernsthaft nachgedacht, geschweige denn, sie aufgebaut. Die Flucht in ein geeintes Europa war für viele eine willkommene Gelegenheit, diesem inneren Defizit zu entfliehen. Marpingen weist Deutschland eine große historische Aufgabe zu:

»*Diese Worte gelten nicht nur für meine Kinder in Deutschland*«, hieß es am 5. September, »*sie gelten für die Kinder in der ganzen Welt.*« Und einen Tag darauf, am 6. September, die Wiederholung: »*Es ist mein Aufruf an Deutschland, es ist mein Aufruf für die ganze Welt.*« Es ist das Angebot, die historischen Belastungen loszuwerden, indem sich die Nation in den Dienst der Transzendenz stellt, sich für eine Rückbesinnung auf geistige Grundwerte entscheidet, die Europa fast zweitausend Jahre geprägt haben und später zum Teil für die Welt nicht nur Ärgernis geworden sind (durch Perversionen seiner Geistigkeit), sondern an die Völker der Erde als Beitrag zu ihrer eigenen kulturellen Entwicklung weitergegeben wurden – zum Beispiel die »Menschenrechte« – die heute unumstritten Gesamtgut der Menschheit geworden sind. Eine solche Rolle wurde Deutschland in Marpingen bei der Neuorientierung der westlichen Welt zugedacht.

Aber einer solchen Aufgabe kann sich keine Gesellschaft stellen, die vom nationalen Siechtum bedroht ist. So sind die warnenden wie dringenden Worte vom 5. September zu verstehen: *»Ich bin gekommen, um euch wiederum aufzufordern, mir zu helfen, dass dieses Töten in eurem Land aufhört. Dieses Töten schreit zum Himmel. Es ist etwas, was Gott sehr viel Schmerzen bereitet.«*

Die Bestätigung für die Ernsthaftigkeit der Situation kam am 6. Februar 2002 vom Statistischen Landesamt in Hessen. Auf 739.000 Ehepaare ohne Kinder kamen im vorausgegangenen Jahr in diesem Bundesland nur 721.000 mit Kindern. Sollte diese Entwicklung weitergehen, werden Frauen mit Kindern zu einer Minderheit. In jeder normalen Gesellschaft sind kinderlose Ehepaare eher die Ausnahme, aus welchen Gründen auch immer. An den fünf Fingern lässt sich ablesen, wann das ganze Gesundheits- und Sozialsystem zusammenbricht. Es bedarf keines Krieges mehr, keiner Verdrängung durch Zuwanderer. Ein Volk kann sich sanft und leise auslöschen, sich aus der Geschichte schleichen.

Politiker aller Parteien waren bei Drucklegung dieses Buches mit brennenden aktuellen Problemen beschäftigt, mit der Arbeitslosigkeit, mit dem Niedergang des wirtschaftlichen Wachstums. Die Gefahr eines nationalen Selbstmordes auf Raten wagte keiner auszusprechen. Mütter mit drei Kindern können bezeugen, dass sie oft belächelt werden. Hier und dort hört man sogar von Frauen, die zum ersten Mal schwanger sind, aber bereits ähnliche Erfahrungen machen müssen.

Sollten Mütter immer mehr zur Minderheit werden, droht ihnen das, was über jeder Minderheit wie ein Damoklesschwert hängt, nämlich Ausgrenzung und Diffamierung. Nicht einmal Verfolgung ist auszuschließen. Bei der Durchsetzung seiner Ein-Kind-Politik ist China in bestimmten Jahren nicht zimperlich, sondern eher grausam mit Frauen umgegangen, die es wagten, mehr als ein Kind zur Welt zu bringen. Marpingen ist in Verbindung mit solchen Nachrichten auch eine Warnung, nicht in den schleichenden nationalen Tod abzugleiten.

KERN DER FRAGEN BLEIBT

Der Prozess des Umdenkens dürfte nicht ohne schmerzhafte Geburtswehen vor sich gehen und einen größeren Zeitraum in Anspruch nehmen. »*Deutschland wird sich sehr spät bekehren* (umdenken) ... *Euch erwartet viel Leid, aber ihr werdet es ertragen können.*« Eine Spaßgesellschaft neigt nicht zu Erbarmen und Mitgefühl, sondern zum Zynismus. Sie demontiert Persönlichkeiten, unabhängig von deren Parteizugehörigkeit, sie zerlegt Künstler und Persönlichkeiten der Kirche, verstorbene und noch lebende, sie tut es, weil sie weder Vorbilder noch Beispiele haben will.

Jeder ist sich selbst Beispiel und Norm. Das lässt für den Fall, dass einzelne tatsächlich ein Umdenken anstreben, noch erbarmungslose Kulturkämpfe erwarten, die jenen, denen eine erneuerte gesellschaftliche Atmosphäre vorschwebt, enormes Standvermögen abverlangen würden.

Ereignisse und Orte wie Marpingen liefern Stoff nicht nur für jede Art von Sensationsgier, im Nachhinein melden sich Interessengruppen verschiedener Färbung zu Wort, geistige Erbhöfe werden beansprucht, Rechthaberei und Machtkämpfe kleineren und größeren Ausmaßes werden ausgetragen. Zweitrangige Theaterregisseure haben sich das Thema bereits unter den Nagel gerissen, Komödianten ihr Geschäft gemacht. Deshalb sind die kirchlichen Aufsichtsbehörden und die politische Gemeinde gefragt, um einen kulturellen Rahmen zu sichern.

Denn unabhängig von der letzten Bewertung und Einordnung des Phänomens, der Kern der Fragen, der in Marpingen aufgeworfen wurde, von wem auch immer, wird überleben, denn er berührt Schicksal und Zukunft der deutschen Nation.

Zur Literatur

Abraham Ralph / Sheldrake R. / Mc Kenna T.	Denken am Rande des Undenkbaren, *München 2001*
Hawking S.	Eine kurze Geschichte der Zeit, *Hamburg 2001*
Hoeres W.	Aufstand gegen die Ewigkeit, *Stein am Rhein 1984*
Khoury Adel T.	Mit Muslimen in Frieden leben, *Würzburg 2002*
Meves C.	Manipulierte Maßlosigkeit, *Stein am Rhein 1997*
Müller J.	Von Maria zu reden ist gefährlich, *Jestetten 1999*
Naipaul V. S.	An Area of Darkness, *New York 1984*
Sarrach A.	Die Madonna und die Deutschen, *Jestetten 1997*
Sarrach A.	Weine über Deutschland, mein Kind, *Bad Herrenalb 2000*

Schallenberg G.	Visionäre Erlebnisse, *Aschaffenburg 1978*
Schotte H.	Schaut her in mein Herz, Video, *2001*
Secunda Victoria	Tochter bleibt man ein Leben lang *München 1996*
Sheldrake R.	Sieben Experimente, die die Welt verändern könnten, *München 1997*
Sheldrake R.	Das schöpferische Universum, *München 2001*

Alfons Sarrach / **Weine über Deutschland, mein Kind**

Steht die Welt nach dem Ende des Ost-West-Konfliktes vor einer neuen Auseinandersetzung, einem Krieg aller gegen alle? Nicht erst seit der Katastrophe des 11. September 2001 stellen sich Menschen diese Frage. In seinem Aufsehen erregenden Buch zeigt der Autor am Schicksal seiner eigenen Tochter eine realisierbare Alternative auf: echte Versöhnung der Kulturen.

192 Seiten, Gebunden, € 16,– ISBN 3-929549-13-1

Alfons Sarrach / **Die Madonna und die Deutschen**

Die Menschheit ist aufgefordert, Weltbilder zu überwinden, die seit Jahrtausenden vom männlichen Denken geprägt sind: zuvorderst von Selbstbefreiung, Aggression und Beherrschung – auch des Weiblichen. Am Horizont unserer Zeit zeichnet sich das Bild *einer Frau* ab: die Madonna. Sie weist den Weg aus der Sackgasse. Vielseitige, fundierte Gegenüberstellung von historischern Ereignissen des 20. Jahrhunderts und brisanten marianischen Botschaftstexten.

190 Seiten, € 10,– ISBN 3-87449-268-0

154 Seiten, € 7,–
ISBN 3-929549-14-x

Dirk Grothues / **Gelebte Passion**
Lebensnah erzählte Geschichte einer Frau,
die ein mystisches und zugleich äußerst
handfestes Leben führte: Maria Halfmann.
Sie wird als gelebtes Glaubenszeugnis für
viele zur geistigen Quelle. Ein Beispiel für
die Heiligkeit inmitten von Welt und Alltag.
Dirk Grothues, Priester ihrer westfälischen
Gemeinde, bringt in kleinen Begegnungen,
Zeugnissen und Anekdoten ihr Leben zu
Papier. Erbaulich, inspirierend und
nachdenklich zugleich.

Bestellen Sie direkt beim Verlag: Edition S, Fax 07083 / 516-24
Gernsbacher Str. 36, 76332 Bad Herrenalb

Oder in Ihrer Buchhandlung.